하이로우,
진동의 법칙

하이로우, 진동의 법칙

GOOD VIBES, GOOD LIFE

벡스 킹 지음
정미나 옮김

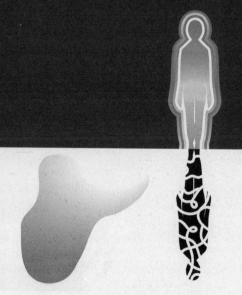

SA Publishing Co.
에 쎄 이

CONTENTS

PART 2.
긍정적인 에너지를 발산하는 방법
043

PART 3.
삶의 균형을 유지하는 원칙
089

Dedicataion

엄마, 이 책을 당신께 바칩니다. 그리고 아빠, 당연한 얘기지만, 당신이 없었다면 나는 이 세상에 존재하지도 못했을 겁니다. 필요한 순간마다 아빠의 에너지가 저를 이끌어 주고 있다는 걸 느꼈어요. 부디 저를 자랑스러워하시길 바랍니다.

마지막으로 이 책을 꿈을 가진 모든 이들에게 바칩니다. 단지 생존을 위한 꿈을 꾸고 있든, 암울한 시기를 헤쳐 나오기 위한 꿈을 꾸고 있든 좋습니다. 내 꿈은 전 세계 사람들의 삶을 긍정적으로 바꿔 줄 책을 쓰는 것이었습니다. 내가 꿈을 이룰 수 있다면 여러분도 가능합니다. 여러분의 가능성을 믿습니다. 부디 여러분도 믿길 바랍니다.

프롤로그

어제보다 더 나은 내가 되는 방법

어린 시절, 우리 집은 떠돌이 생활을 할 정도로 가난했다. 3년 정도를 집 없이 살았는데, 이때 친척들 집을 전전하다가 한동안 노숙자 쉼터에서 지내기도 했다. 그래도 잘 곳이 있다는 사실에 감사했지만, 노숙자 쉼터에서 겪었던 그 무서운 경험들은 지금까지도 잊히지 않는다.

우리가 건물 안으로 들어갈 때면 입구 주위에 모여 있던 기분 나쁘게 생긴 사람들이 언제나 우리를 사납게 노려봤다. 네 살짜리 아이였던 나는 늘 겁을 먹었지만, 엄마는 별일 없을 거라며 나를 안심시켰다. 그냥 아래를 내려다보면서 우리 방까지 곧장 가면 된다고.

어느 날 밤에는 잠시 나갔다 돌아왔더니 계단이며 복도의 벽이며 온통 피범벅이었다. 바닥에는 유리 파편이 널려 있었다. 누이들과 나는 그렇게 끔찍한 광경을 난생처음 봤다. 우리는 엄마를 올려다봤다. 엄마는 겁먹은 기색을 감추며 우리에게 유리를 조심해서 방으로 올라가라고 말했다.

누이들과 나는 방에 들어와서도 여전히 충격에 빠져 있었다. 나는 아래층 복도에서 대체 무슨 일이 있었던 건지 나름대로 추론해 보려 했다. 그때 갑자기 비명과 고함소리가 들리는가 싶더니 뒤이어 방 밖이 시끌벅적 소란스러워졌다. 정말 무서웠다. 우리는 또다시 엄마를 바라봤다. 엄마는 우리를 가까이로 끌어 모으며 걱정하지 말라고 덤덤하게 말했다. 하지만 우리는 쿵쾅쿵쾅 뛰는 엄마의 심장 소리를 그대로 들을 수 있었다.

그날 밤 우리는 거의 잠을 못 잤다. 비명이 계속 들려왔지만, 어찌 된 일인지 경찰은 오지 않았고 이웃 중 누구 하나도 이 소동을 가라앉히려 나서 주지 않았다. 이곳 사람들의 안전에는 아무도 관심이 없는 것 같았다. 무정하고 타락한 것처럼 느껴지는 세상 속에서 우리에게는 서로뿐이었다.

친구들이나 가족들과 이런 어린 시절 얘기를 하다 보면 다들 어떻게 그렇게 잘 기억하고 있냐며 놀라워한다. 흔히 이렇게들 묻는다. '어떻게 그런 일까지 기억해? 아주 어렸을 때 일이잖아.' 나는 어릴 때 겪은 모든 일을 기억하는 게 아니다. 기억의 세세한 부분들은 선명하지 않다. 하지만 당시에 이런저런 일을 겪으며 느꼈던 기분은 대부분 기억한다. 그 시절에 겪은 일들에 아주 많은 감정이 얽혀 있다 보니 그때의 기억들이 아주 오랫동안 나를 따라다녔던 것 같다.

10대 후반에는 그 시절의 웬만한 기억은 다 사라져버렸으면 했다. 어렸을 때의 고생을 더 이상 떠올리지 않아도 되게 지우고 싶었다. 몇몇 기억은 떠올리기 부끄럽기도 했다. 그 기억 속의 내가 거북하게 느껴졌다. 마음 깊은 곳에 살고 있던 아이와는 어울리지 않는 말과 행동을 했던 때였기 때문이다. 그때는 자주 세상에 상처를 입어서 나도 세상에 그 상처들을 갚아 주고 싶었다. 하지만 지금은 다르다. 이제는 그때 나에게 일어났던 일들 모두를 포용한다.

이제 나는 안다. 좋았든 나빴든 끔찍했든 간에

그 모든 일이 지금의 나를 만들었다는 것을.

때때로 고통을 안겨 주었더라도 그 모든 일이 축복이었다. 나에게 아주 많은 가르침을 줬기 때문이다. 그런 일들을 겪으며 불행에서 벗어날 탈출로와 더 나은 삶으로 나아갈 길을 찾고자 하는 원동력을 얻었다.

나는 내가 배운 교훈을 함께 나누고자 이 책을 썼다. 부디 이 교훈을 통해 독자 여러분이 내 표현대로 이른바 '더 위대한 삶을 향한 확신과 지침'을 얻길 바란다. 내 이야기에서 어떤 부분을 받아들일지 선택하는 일은 당신의 몫이다. 어떤 부분은 공감을 일으키겠지만, 솔직히 거북하게 느껴지는 부분도 있을 것이다. 그렇더라도 이 책에서 내가 제시하는 개념들을 적용해 본다면 삶에서 아주 긍정적인 변화를 경험하게 되리라 확신한다.

나는 철학자도 아니고 심리학자나 과학자나 종교 지도자도 아니다. 그저 다른 사람들도 달갑지 않은 감정은 해소하고 기분 좋은 감정을 늘리면 좋겠다는 마음으로 내 지혜를 다른 사람들과 나누고 싶은 사람일 뿐이다.

이 지구별에서 살아가는 사람들 누구나 변화를 이룰 수 있다고 믿는다. 그런 믿음에 따라, 나는 당신이 혼돈에 빠져 있는 현 세계를 더 가치 있는 곳으로 만들 자신만의 목적을 찾도록 온 힘을 다해 돕고자 한다. 우리가 의식 있는 시민이 된다면 이 지구별에 가해지는 짐이 덜어질 것이다. 잠재력을 한껏 발휘해 살아간다면 당신의 세계만이 아니라 주변의 세계까지도 변화시키게 될 것이다.

어떤 사람들은 평범함을 맘 편해 한다. 그래서 더 위대한 삶, 즉 대다수 사람이 생각하는 표준을 뛰어넘는 삶을 회피한다. 더 위대한 삶을 살기 위해서는 당신의 위대함을 찾아야 한다. 간단히 말해, 가장 위대한 모습의 자신이 되는 것이다. 어느 정도에서 만족하고 살아야 한다는 믿음에 사로잡히게 만드는 상상 속의 경계선을 깨고 상상할 수도 없던 영역까지 다다르는 것이다.

무한한 가능성을 펼치며 한계 없는 삶을 사는 것, 그것이 곧 위대함의 정신이다. 그런 이유로 위대함은 그 시작도 끝도 경계를 정할 수 없다. 그저 더 나아지기 위해 힘쓸 수 있을 뿐이다.

> 사람들을 감동시키려 애쓰지 마라.
> 당신 자신을 감동시켜라.
> 당신의 능력을 최대한 발휘하고
> 당신 자신을 시험해 보라.
> 가능한 한 최고의 당신이 되어라.

이 책은 지금 당장부터 더 나은 당신이 되기 위해 전념할 것을 요구한다. 내 목표는 당신이 앞으로 평생토록 매일매일, 모든 면에서 어제보다 더 나은 사람이 되도록 돕는 것이다. 아침에 눈을 뜰 때, 마음속에 이러한 바람을 품고 나서 의식적으로 그 바람을 따르다 보면 스스로도 놀랄 만큼 엄청난 의욕이 생겨날 것이다. 그로써 당신은 어느새 더 나은 사람이 되기 위해 전념하는 삶을 살아가게 되리라.

위대함은 일차원적 개념이 아니다. 사람에 따라 여러 가지로 다르게 해석하긴 해도 대체로 특별한 재능, 큰돈이나 물질적 부, 권력이나 지위를 갖거나, 큰 성취를 이루는 일과 결부된다. 하지만 위대함의 진정한 의미는 이보다 더 심오해서 목적, 사랑, 이

타심, 겸허함, 감사함, 친절함과 더불어 인간의 최고 우선순위인 '행복' 역시 당연히 수반되어야 한다. 나는 위대함을 떠올릴 때면 삶의 모든 길에 걸쳐 통달의 경지에 이르러 세계에 긍정적인 영향을 미치는 이미지를 생각한다. 위대한 사람들은 무모한 도박을 거는 이들이 아니라 이 세계의 훌륭한 거주자로 높이 평가받는 이들이다.

당신에게도 더 위대한 삶을 살아갈 자격이 있으며 그 삶을 일구는 데 이 책이 도움이 되어 주리라 생각한다.

· 일일 목표 ·
'어제의 나보다 더 나은 사람 되기'

Self-Love :
마음가짐과 행동 사이의 균형잡기

평온감을 얻기 위해서는 균형이 필요하다. 일과 놀이, 행동과 인내, 지출과 소비, 웃음과 진지함, 떠남과 머무름 사이에 균형이 잡혀야 한다. 삶의 각 영역의 균형을 제대로 잡지 못하면 죄책감 같은 여러 가지 거북한 감정과 더불어 무엇보다도 피로감에 빠지기 쉽다.

행동과 인내 사이의 균형잡기를 예로 들어 살펴보자. 당신이 대학 졸업반 과제에서 프로젝트 팀 리더를 맡았다고 치자. 어느 날 SNS를 보다가 당신이 '팔로우'를 한 팀원이 팀에 도움이 안 되고 있는 모습을 포착했다면 어떻게 행동할 것 같은가? 한두 번은 그냥 봐주고 넘어갈 수도 있다.

그런데 그러는 경우가 여러 차례 반복되면서 팀의 효율성이 떨어지고 있는 상황이 되었다. 도를 지나쳤다고 판단한 당신이 자꾸 그런 식으로 굴면 강의 책임자에게 보고할 수밖에 없다는 경고를 했다고 가정하자. 이때 그 팀원이 경고를 무시한 채 계속 같은 행동을 한다면 당신은 더 강도 높은 행동을 취하는 데에 죄책감을 느낄 것 같은가?

당신이 관대하고 인정 많은 사람이라면 그 팀원이 마음에 상처를 입을까 봐 걱정할지 모른다. 괜히 강의 책임자에게 보고했다가 장래에까지 영향을 미칠 수 있는 중요한 최종 성적에 타격을 입는 호된 결과를 맞게 되면 어쩌나 싶을 수도 있다. 하지만 그 팀원은 지금 당신에게 무례하게 굴며 당신의 경고도 무시하고 있다. 당신의 호의를 당연시하는 듯도 하다. 그런 데다 프로젝트팀의 다른 팀원들이 당신의 관대함을 편애로 여겨 섭섭해 할 수도 있다.

이런 예의 경우, 당신이 관대하고 정직하며 공정한 절차를 따르는 사람이라면 더 강한 행동을 취하는 결정에 죄책감을 가질 필요가 없다.

당신을 전혀 배려해 주지 않는 사람을 포기하는 것은
부당한 처사가 아님을 알아야 한다.

프로젝트팀의 리더로서 당신이 잊지 말아야 할 부분은 당신은 최선을 다했지만, 유감스럽게도 상대가 호응해 주지 않았다는 점이다. 이런 상황에서 행동을 취하지 않는다면 당신은 내면의 평온과 팀원들의 존경을 잃을 위험만이 아니라 당신 자신의 최종 성적에 피해를 보게 될 위험까지 무릅쓰는 격이다.

균형 잡힌 태도를 취하면 마음이 더 편해지고 죄책감 같은 안 좋은 감정을 피할 수 있다. 행동과 인내 둘 다를 내보여라. 당신이 이해심 있고 관대하면서도 한편으론 단호하고 권위적인 면모도 있음을 보여 줘라. 문제의 팀원은 당신의 결정에 화가 나긴 하더라도 자신에게 기회를 준 부분에 있어서는 여전히 당신을 존경할 것이다.

자기사랑은 현재의 당신 자신을 포용하는 동시에,
당신이 더 나은 사람이 될 자격이 있음을 자각하고
더 나은 사람이 되기 위해 노력하는 균형잡기의 문제다.

그런데 이 예가 자기사랑과 무슨 상관이 있을까? '셀프-러브 self-love'라는 말은 잘못 해석되기 일쑤다. 자기사랑은 포용을 북돋는 개념이지만, 많은 사람들이 이를 새로운 일에 도전하지 않으려는 구실로 삼는다. 사실, 자기사랑은 근본적으로 두 개의 요소로 이루어져 있으며 조화로운 삶을 살고 싶다면 반드시 이 두 요소 사이에서 균형을 잡아야 한다.

첫 번째는 자기 자신을 향한 무조건적 사랑을 북돋는 요소다.

이 요소의 초점은 마음가짐에 있다. 예를 들어 당신이 몸무게를 줄이거나 늘리거나 성형수술을 받는다고 해서 자신을 더 사랑하게 되지는 않는다. 물론, 자신감이 높아질 수는 있다. 하지만 진정한 자기사랑은 어떤 식의 변화를 열망하든 간에 있는 그대로의 당신을 소중히 여기는 것이다.

두 번째는 성장을 북돋는 요소로써, 초점은 행동 취하기에 있다. 자기 자신과 자신의 삶을 더 나아지게 하는 것 역시 자기사랑이다. 자기사랑이란 자신이 평범함에 만족하는 것 이상을 누릴 자격이 있음을 인정하는 것이기 때문이다.

자기사랑을 이해하는 차원에서, 타인을 향한 무조건적인 사랑이 어떤 것인지를 생각해 보자. 예를 들어 당신은 파트너에게 짜증스러운 버릇이 있다고 해서 그 파트너를 덜 사랑하게 되지는 않는다.

파트너를 있는 그대로 포용하면서 때때로 파트너의 단점을 통해 배우기도 한다. 또한 파트너가 최대한 잘되길 바란다. 그래서 어떤 버릇이 파트너의 건강을 해치고 있다면 이를 개선하도록 돕는 노력을 한다. 이런 것이 바로 무조건적인 사랑의 표출이다. 파트너의 잘못을 모질게 지적하는 게 아니라 파트너가 파트너 자신을 위해 최고의 모습이 되길 바란다. 자기사랑은 이런 자세를 당신 자신에게 적용해서, 당신 자신을 위해 가장 좋은 선택이 뭔지를 살피는 것이다.

진정한 자기사랑은 식습관에서부터 정신수행이나 대인관계에서의 소통방식에 이르기까지 당신 삶의 영역 어디에나 깃들 수 있다. 그리고 당연한 얘기지만, 자기사랑에서의 중요한 측면은 바로 포용이다. 있는 그대로의 당신에게 만족해야 한다. 결국 자기사랑을 실행하려면 스스로에게 힘을 북돋워 주며 진정한 자신이 될 자유를 주어야 한다.

자기사랑을 이해하면 마음가짐과 행동 사이에서 균형을 잡을 수 있다. 균형이 잡혀 있지 않으면 비틀거리다 넘어지고 갈팡질팡 헤매기 일쑤다. 당신이 당신 자신을 사랑하다 보면 어느 순간부턴 삶이 그 사랑을 되돌려줄 것이다.

나아가 마음가짐과 행동 사이에 균형이 잡히면 더 높은 주파수로 진동할 수 있게 된다. 바로 이 진동에 관해 지금부터 차근차근 들여다보자.

PART 1

깨달으면 삶이 바뀌는
진동의 법칙

A Matter of Vibes

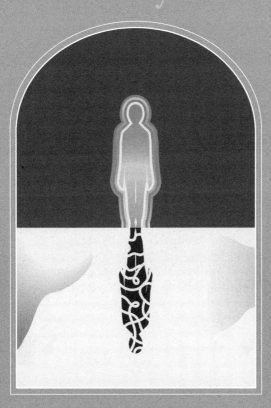

나는 돈이 궁해 절절매며 대학 시절을 보냈다. 학자금 대출을 받긴 했지만, 대부분 주거비로 나갔다. 몇 푼 안 되는 돈으로 근근이 먹고살았고 교재도 제대로 못 살 만큼 여유가 없었다. 그래도 집에는 손을 벌리지 않았다. 아들의 부탁이라면 당신이 굶는 한이 있어도 돈을 마련해 보내 주리란 걸 알았지만, 엄마의 힘든 형편을 알아서 차마 그러지 못했다.

다행인 건 내가 지출계획을 잘 짜는 편이었다는 사실이다. 덕분에 굶지 않고 지내며 종종 새 옷을 장만하고 친구들과 술자리도 함께할 수 있었다. 마이스페이스(MySpace, 미국판 싸이월드)의 개인 홈페이지 맞춤 제작 같은 온라인 아르바이트를 해 번 푼돈도 생활에 도움이 되었다.

한 번은 여름 방학을 맞아 휴식차 고향으로 돌아갔다. 수중에 남은 돈이 한 푼도 없었고 모든 상황이 힘들기만 했다. 대학으로 돌아가고 싶지도 않았다. 대학 공부에 재미를 못 느꼈고 여름방학 과제를 마칠 의욕도 없었다. 학기 대부분을 공부에 매달리며 보낸 통에 대학에 복귀했을 때 파산을 면하려면 여름 아르바이트 거리라도 찾아야 했다. 친구들은 그토록 목말라 하던 휴가를 떠나기 위해 다 같이 계획을 짜고 있는데 나는 휴가를 떠날 여유가 없었다. 그런 데다 여자 친구와 문제도 있었다. 연애 관계에서나 우정 관계에서나 심란한 상황을 겪다 보니 자꾸 화가 치밀어 살맛이 나질 않았다.

그러던 어느 날 저녁, 우연히 『시크릿The Secret』*이라는 책을 읽게 되었다. 당시에 '삶을 바꿔 줄 책'이라거나 '누구든 그 책을 통해 도움을 얻을 수 있다'는 등의 호평을 얻으며 사람들 사이에 입소문이 나 있던 책이었다. 이 책은 한 가지 간단한 원칙을 근거로 삼고 있었는데, 바로 '끌어당김의 법칙'이었다.

끌어당김의 법칙에서 내세우는 전제는 생각하는 대로 이루어진다는 것이다. 다시 말해, 원하는 일들에 생각을 집중함으로써 그 일들을 자신에게로 끌어당길 수 있다는 얘기다. 이것은 원하는 일들뿐만 아니라 원하지 않는 일들에도 적용된다. 한마디로 말해,

....

* Rhonda Byrne, The Secret(Simon and Schuster, 2006)

뭐든 집중하는 그 일이 당신에게로 돌아오게 되어 있다는 것이다. 따라서 끌어당김의 법칙에서는 걱정하거나 두려워하는 문제에 집중하기보다 원하는 바를 생각하는 것이 중요하다고 강조한다.

끌어당김의 법칙에서는
긍정적인 생각이 아주 중요하다.

나는 끌어당김의 법칙이 믿기 힘들 만큼 멋지게 느껴져서 그 뒤로 더 많은 자료를 찾아보았다. 끌어당김의 법칙 덕분에 놀라운 변화를 맞았다는 사람들에 관한 글을 읽었다. 내 삶에도 이 법칙을 적용해 보고 싶어졌다.

나는 내가 원하는 게 뭔지를 정확히 알았다. 친구들과 같이 휴가를 떠나고 싶었다. 그러자면 대략 500파운드가 필요했다. 그래서 끌어당김의 법칙의 전반적 지침을 따르며 할 수 있는 한 긍정적인 태도를 가지려고 노력했다.

그로부터 일주일 정도가 지났을 무렵, 세무소에서 세금이 과납된 것 같다는 통지서를 받았다. '끌어당김의 법칙이 작동하고 있다는 신호가 아닐까?' 하는 생각이 들었다. 나는 서둘러 환급 양식에 세부 내역을 기입해서 회신을 보냈다. 하지만 일주일이 지나도록 아무 연락이 없었다. 친구들과 함께 떠날 수 없을 것 같아 비참한 기분이 들었다.

좌절감은 매일 깊어져만 갔다. 나는 기다리다 못해 세무소에 전화를 걸어 내가 보낸 환급 신청서를 받았는지 물었다. 세무소 측에서는 받았다며 곧 연락을 주겠다고 했다. 그 말에 흥분되고 마음이 들떴지만, 시간이 없었다. 여름 방학은 끝나가고 있었고 친구들은 한창 여행 준비에 여념이 없었다.

그로부터 또 한 주가 지났지만, 세무소에서는 여전히 연락이 없었다. 이쯤 되니 여행 갈 생각은 그만 접자는 마음이 들었다. 친구들에게 나를 빼고 휴가 예약을 하라고 말했다. 이제는 다른 일에 집중하자고, 동기부여에 관한 책을 읽으며 가라앉은 기분을 띄우자고 마음을 다잡기도 했다. 그러면 적어도 삶이 조금은 더 나아질 것 같았다.

며칠이 더 지났을 때, 세무소 주소가 찍힌 봉투가 도착했다. 마음 졸이며 봉투를 열어 보자 800파운드짜리 수표가 들어 있었다. 놀라움과 가슴 벅찬 기쁨이 한꺼번에 몰려왔다. 나는 최대한 빨리 은행으로 가서 수표를 입금했다. 보통 수표의 현금화는 최대 5일이 걸리지만, 이때는 3일이 채 지나지 않아 현금화되었다.

친구들과 나는 막바지 휴가 상품을 예약했고 4일 후에 비행기에 올랐다. 그리고 휴가지에서 신나는 시간을 보내고 돌아왔다. 하지만 이보다 더 의미 있는 일은 따로 있었다. 내가 '끌어당김의 법칙'을 믿게 되었다는 사실이었다. 그 뒤로 나는 이 법칙을 활용해 내 삶을 완전히 변화시켜 보자고 다짐했다.

____ '끌어당김의 법칙'에서 빠지기 쉬운 착오

끌어당김의 법칙이 통하려면 긍정적으로 생각해야 한다. 하지만 한결같이 긍정적인 생각만 하기란 쉬운 일이 아니다. 일이 틀어지거나, 일의 결과가 기대에 어긋날 때에도 마냥 낙관하기는 힘들다.

사람들은 대부분 나를 긍정적인 사람이라고 생각했다. 하지만 상황이 힘들어지면 나도 긍정적인 사람과는 거리가 멀어졌다. 번번이 화를 이기지 못했다. 때때로 화가 치밀어 오르는 상황에 맞닥뜨리면 눈에 보이는 것을 닥치는 대로 다 때려 부수고 싶어졌다. 그러다 악화일로의 소용돌이에 휩싸이기 일쑤였다. 기분이 좋았다가 극도로 우울해지는 감정 기복이 잦았다. 서로 다른 두 사람을 보는 것 같았다. 이런 들쭉날쭉함은 내 삶에도 고스란히 투영되었다. 좋은 시기를 잠시 맛볼라치면 나쁜 시기가 찾아왔다. 안 좋은 시기를 겪을 땐 도저히 세상의 밝은 면을 볼 수가 없었다. 가구를 때려 부수고 다른 사람들에게 막말을 하고 세상살이가 힘들어 죽겠다고 앓는 소리를 해대며 좌절감을 못 이기고 세상에 분풀이했다.

대학 졸업반 때는 내 최종 성적에서 큰 비중을 차지하는 그룹 프로젝트에서 심각한 좌절을 겪었다. 서로의 기여도를 놓고 팀원들 사이에 갈등이 빚어졌기 때문이었다. 나는 낙천적으로 생각하려 애쓰며 시간이 지나면 갈등이 해결될 거라고 기대했다. 하지만 해결되기는커녕 그야말로 엉망진창이 되어 버렸다.

돌연 끌어당김의 법칙이 언제나 통하는 건 아닌 모양이라는 생각이 강하게 들었다. 우리 팀은 생각이 갈릴 대로 갈라져서 팀원들끼리 각자의 역할과 각자가 기울이는 노력을 놓고 줄기차게 입씨름을 벌였다. 그것도 졸업을 불과 몇 달 앞둔 시기에 말이다. 상황이 통제 불능으로 치달아 거친 말들까지 오갔다. 유감스럽게도 문제는 해결될 기미가 보이지 않았다. 친구인 대릴과 나는 억울한 처지에 내몰린 기분이 들었지만, 할 수 있는 일이 별로 없었다. 바짝 다가온 과제 마감 일을 맞추기 어림없어 보이는 데다 남은 학업까지 마쳐야 하는 상황이었다. 열 배 더 열심히 노력하는 수밖에는 없을 것 같았다. 이러다 과제와 시험을 망쳐서 졸업을 못 하게 되면 어쩌나 싶기도 했다. 대학에서 보낸 그 모든 시간이 허송세월로 전락하게 될 것만 같았다.

내가 대학에 들어간 이유는 그래야 할 필요성을 느꼈기 때문이었다. 어린 시절에 안락한 삶을 누리지 못했던 나는 좋은 직장을 얻고 안락한 삶을 살기 위해서는 반드시 대학에 가야 한다고 생각했다. 하지만 마음 깊숙이에서는 대학에 별 애착을 느끼지 못했다. 대학 생활이 즐겁지 않았다. 번듯한 직장에 취직하지 못할 것 같은 불안감도 늘 따라다녔다. 이런 불안감은 다른 무엇보다도 엄마의 영향이 컸다. 엄마가 고생하는 모습을 평생 지

켜봐 왔던 나로선 엄마가 지금껏 헛고생을 한 게 아님을 보여
주고 싶었다.

그런데 결승선을 바로 눈앞에 둔 마당에 모든 노력이 물거품
이 될 판이었다. 다른 생각은 들지 않았다. 오로지 엄마를 실망
시키고 나 자신을 실망시키면 어쩌나, 학위를 못 따면 그동안
들어간 돈이 헛돈이 될 텐데 어쩌나 하는 걱정뿐이었다. 모든
노력이 헛수고가 될까 봐 불안했다. 부정적 생각들을 떨쳐버릴
수가 없었다.

나는 엄마에게 대학을 중퇴하겠다고 말했다. 대학에 다닐 이
유가 없어서였다. 대학 생활도 싫었고 내가 겪고 있는 상황도
억울했다. 내 끓는 분노는 희생양을 필요로 했고, 그러다 그만
모든 일을 엄마 탓으로 돌려 버렸다. 엄마는 나를 자애롭게 받
아주며, 중퇴하지 말고 계속 다니면서 할 수 있는 최선을 다해
보라고 설득했지만 나는 홧김에 오히려 엄마와 더 심한 말다툼
을 벌였다.

연달아 터지는 문제에 진저리가 나서 모조리 다 팽개치고 싶
었다. 나에겐 살 이유도 삶의 목표도 없었다. 울적한 기분에 젖
어 있다 보면 가장 안 좋은 기억까지 떠올랐다. 분노의 불길에
기름이 부어지면서 내가 쓸모없는 삶을 살고 있다는 생각이 들
었다. 이뤄 보이지도 못할 꿈이라면 그런 꿈을 품어 봐야 무슨
소용일까? 거짓된 삶을 살아가며 나 자신이 무슨 큰일을 할 수

있는 사람이라도 되는 양 스스로를 속이고 있는 듯한 기분이었다.

나라는 사람은 아무래도 대단한 일을 할 만한 그릇이 못 될 것 같았다. 그래서 여러 구직 사이트를 샅샅이 훑으며 꽤 흥미로워 보이고 급여 수준도 괜찮은 몇몇 일자리에 지원했다. 지원 자격에 미달이어도 개의치 않았다. 어디든 취직을 하게 되면 내가 완전히 실패한 인간으로 여겨지진 않을 테고, 돈이라도 좀 벌면 가족들이 빚을 갚고, 청구서를 내고, 누이들의 결혼 비용 등 나갈 돈을 충당하는 데 보탬이 될 것 같았다. 나는 자기소개서에서 비록 자격에는 못 미치지만, 회사에 꼭 맞는 직원이 되겠다는 각오를 구구절절 풀어놓았다. 하지만 어디에서도 응답이 오지 않았다.

사실, 나도 잘 알았다. 대학을 중퇴하기엔 이미 너무 멀리 와 있었다. 그동안은 문제에서 벗어날 방법을 찾으려 안간힘 썼지만, 이제는 해야 할 일에 정면으로 마주하고 마지막까지 희망을 놓지 말아야 할 때였다.

그런데 인도에서 진행되는 큰누나의 결혼식이 코앞으로 다가와 있었다. 간신히 다잡았던 마음이 또다시 조급해졌다. 과제 최종 마감 일을 불과 두 달 앞둔 상황에서 결혼식에 가면 다른 학생들보다 제출 시한이 촉박해지는 데다 수업도 빠져야 해서 남들보다 뒤처지게 될 터였다. 나는 가족들에게 결혼식에 못 가겠다고 우겼지만, 그런 소중한 자리에 함께하지 못한 걸 두고두고 후회할 게 뻔했다.

결국 내키지 않는 마음을 뒤로하고 결혼식에 참석하기로 했다. 그런데 결혼식장에 도착하자마자 예상치 못 한 일이 일어났다. 마음이 차분하고 편안해졌다. 결혼식이 열린 곳은 인도의 고아였는데 분위기가 정말 좋았다. 그 자리에 모인 모든 이들이 화색을 띠고 기쁜 마음으로 새신부와 새신랑을 축하해 주고 있었다. 솔직히 말해서, 이때 나는 긍정적으로 생각하려는 노력도 하지 않고 있었다. 그저 울적한 기분을 느끼며 나 자신을 불쌍해하는 게 속 편했고, 다른 사람들도 나를 불쌍하게 여겨 주길 원했다. 그런데 이 새로운 환경 속에 들어와 있으니 내 안에 반가운 변화가 일어나면서 실로 오랜만에 감사함을 느꼈다.

큰누나의 결혼식은 나에겐 평생 잊지 못할 순간으로 남았다. 그리고 우주의 섭리에 대해 많은 깨우침도 주었다.

집으로 돌아와서도 긍정적인 감정은 여전히 그대로였다. 기분이 좋았고 내 주변의 혼란한 상황이 아주 덤덤하게 받아들여졌다. 그렇게 안정을 되찾으면서 해야 할 일을 끝까지 해내겠다는 의욕도 생겨났다.

나는 받고 싶은 점수를 전부 적어 넣은 모조 성적표를 만들었다. 매일 몇 분간 이 모조 성적표를 응시하며 성적표상의 그 인상적인 점수가 진짜인 것처럼 생각했다. 그렇다고 해서 그런 점수를 얻을 거라고 완전히 믿은 건 아니었다. 그저 바람일 뿐이었다. 하지만 그러면서도 내가 잘 해내리라고 진심으로 믿었다.

나는 하루도 빠짐없이 도서관에 가서 몇 시간씩 공부하기로 마음먹었다. 그룹 과제와 그 외의 할 일을 완수하기 위해서도 엄청난 노력을 했다. 휴식 시간을 가질 때는 일부러 나를 좋게 봐주는 사람들과 잡담을 나눴다. 그리고 그 사람들 중에는 훗날 내 평생의 사랑이 될 여인도 있었다.

드디어 시험 기간이 되었다. 과제물을 제출하고 졸업반 발표를 하면서 이 정도면 충분하다는 자신감이 들었다. 결과적으로 모조 성적표상의 점수를 그대로 받진 못했지만 기말시험을 기분 좋게 통과했다. 게다가 수강 과목 중 가장 힘들었던 과목에서 A를 받아 깜짝 놀라기도 했다.

그 이후로도 계속 끌어당김의 법칙을 활용해 비슷한 성공을 거두었다. 하지만 전반적으로 보면 결과가 들쑥날쑥했다. 뭔가를 놓치고 있다는 생각이 들었다. 그리고 내가 놓친 부분이 뭔지를 찾아낸 이후부터는 더 일관적인 성공을 거두게 되었다. 이 부분을 다른 사람들에게도 시험해 보면서 검증하고자 했는데 정말 통했다. 말이 나와서 말이지만, 그 사람들 중 다수는 한때 불가능해 보였던 일들까지 해낼 수 있었다.

알고 보니 모든 일이 내가 원했던 대로 일어난 것은 아니었다. 보통은 전화위복의 형태로 이루어졌다. 내가 원하고 필요하다고 믿었던 것이 사실은 잘못된 이유에 따른 믿음이었던 적이 아주 많았다. 수년이 지나는 동안 나의 바람이 잘못된 믿음이었음이 명확해졌다. 그 사실을 깨달은 후에 나는 한때 나에게 정해진 운명이라고 믿어 의심치 않았던 결과를 얻지 못한 것에 안도의 한숨을 내쉬었다. 처음엔 내가 원했던 결과를 얻지 못했으나, 이후에 훨씬 더 좋은 결과로 축복받게 되었기 때문이다.

_____ 삶을 변화시키는 '진동의 법칙'

우주는 당신의 진동에 반응한다.
우주는 당신이 발산하는 모든 에너지에 화답하게 되어 있다.

끌어당김의 법칙 외에 진동의 법칙이라는 것이 있다. 이 법칙은 더 위대한 삶을 이루기 위한 핵심 요소다. 일단 이 법칙의 개념을 배워서 적용하면 삶이 변할 것이다. 그렇다고 모든 난관을 피하게 된다는 얘기는 아니다. 하지만 당신은 통제력을 쥐고 겉으로 보이는 것만이 아니라 진심으로 만족감을 느끼는 그런 삶을 만들 방법을 찾게 될 것이다.

자기계발 문학계의 선구적 저자 나폴레온 힐Napoleon Hill

의 1937년 작 『생각하라 그리고 부자가 되어라Think and Grow Rich』는 지금도 여전히 시대를 초월하는 베스트셀러로 꼽히며 전 세계 재계 권위자의 상당수로부터 성공 지침서로 높이 평가받고 있다. 힐은 남녀를 불문한 500명의 성공한 사람들을 인터뷰하면서 이들이 어떻게 성공을 이룰 수 있었는지 탐구했고 그렇게 얻은 지혜를 독자들에게 공유해 주었다. 그는 결론에서 다음과 같은 주장을 했다. "우리가 지금의 우리가 된 것은 일상적 환경의 여러 자극 속에서, 우리가 선택하여 기억하는 생각의 진동 때문이다." 힐은 본문에서 '진동(vibration, 현재는 'vibe'라는 약칭으로 통용됨)'의 개념을 재차 언급한다. 하지만 이 책의 후기 발행판 중 다수에서는 '진동'이라는 말을 언급하는 대목이 삭제되었다. 아마도 발행자가 판단하기에 세상 사람들이 아직 힐의 개념을 받아들일 준비가 되어 있지 않다고 여긴 듯하다.

심지어 오늘날까지도 진동과 관련된 형이상학적 법칙들은 과학적 증거의 부족을 이유로 지탄받고 있다. 그럼에도 불구하고 그동안 진동의 법칙을 설명하려는 시도가 많이 이루어졌다. 과학과 영성 사이의 틈에 다리를 놓아 주려 앞장섰던 인물 가운데는 과학자 브루스 립턴Bruce Lipton 박사와 작가 그렉 브레이든

....

* Napoleon Hill , Think and Grow Rich(Napoleon Hill Foundation, 2012)

Gregg Braden도 있었다.[*] 생각이 삶에 어떤 영향을 미치는지를 연구한 이 두 사람의 발상은 진동의 법칙에서 제시한 개념을 뒷받침해 준다. 비록 일각에서는 이 발상을 현대판 사이비 과학에 불과한 이론으로 치부하고 있지만 말이다.

어쨌든 간에 나 자신은 진동의 법칙이 내 내면 깊숙이에서 반향을 일으키며 삶을 이해하도록 이끌어 주고 있음을 깨달았다. 게다가 나뿐만 아니라 다른 많은 사람들도 이를 느끼고 있다는 사실 또한 알고 있다. 나는 실제로 진동의 법칙을 통해 기적 같은 변화를 일으킨 여러 사례를 목격했다. 앞으로 이 책을 읽어 나가면서 진동의 법칙을 믿게 되든 여전히 의심을 거두지 않든 간에 누구나 다음 한 가지에는 공감할 것이다. 알고 보면 진동의 법칙은 아무런 해도 끼치지 않는다는 사실에 말이다. 경우에 따라선 수치나 그래프를 통해 측정 가능한 데이터보다도 직접적 경험이 더 중요하다.

우리는 항상 진동하고 있다

우선 이 점을 명심해라. 세상 만물은 원자로 이루어져 있고 모

··················

[*] Lipton, B.H., The Biology of Belief: Unleashing the Power of Consciousness, Matter and Miracles (Hay House, 2015); brucelipton.com; greggbraden.com; 'Sacred knowledge of vibrations and water' (Gregg Braden on Periyad VidWorks, YouTube, August 2012)

든 원자는 일종의 작은 진동이다. 따라서 모든 물질과 에너지는 본래 진동한다. 다들 학창 시절에 배웠을 테지만 고체, 액체, 기체는 모두 물질의 다른 상태다. 분자 수준에서의 진동 주파수는 물질이 어떤 상태에 있으면서 어떤 모습을 띠는가에 따라 좌우된다.

우리가 지각하는 대로의 현실은 진동의 조화를 통해 나타나는 것이다. 다시 말해, 현실이 감지되려면 우리가 그 현실과 진동상으로 잘 맞아야 한다. 예를 들어 인간의 귀에는 초당 20~20,000회의 진동 범위에 드는 음파만 들린다. 그 외의 다른 음파는 존재하지 않는 것이 아니라 그저 우리가 지각하지 못할 뿐이라는 얘기다. 가령 개 훈련용 호각 소리는 그 주파수가 인간의 귀로 감지되는 진동 범위를 넘어서서 우리에게는 존재하지 않는 소리나 다름없다.

영적 주제를 다루는 작가 케네스 제임스 마이클 맥린Kenneth James Michael MacLean은 『The Vibrational Universe진동하는 우주』*에서 물질과 에너지뿐만 아니라 우리의 오감과 사고 역시 진동한다고 썼다. 현실은 진동의 해석에 따라 규정되는 지각이라고도 주장했다. 확실히 우리의 우주는 진동 주파수로 가득한 깊은 바다이다. 다시 말해 현실이란 곧 진동의 변화에 반응하는 진동의 에테르(매질)라는 얘기다.

··················

* MacLean, K.J.M., The Vibrational Universe (The Big Picture, 2005)

맥린에 따르면 우리의 생각, 말, 감정, 행동 모두는 진동하므로 우주가 우리의 생각, 말, 감정, 행동에 반응한다면, 진동의 법칙에 따라 우리가 우리의 현실을 통제할 수도 있다는 추정이 성립된다.

생각하고 느끼고 말하고 행동하는 방식을 바꾸면
당신의 세상이 바뀌게 된다.

어떤 생각을 존재시키려면, 아니 더 정확히 말해 어떤 생각을 당신에게 인지하게 만들려면 당신의 주파수와 그 생각의 진동 주파수를 조화시켜야 한다. 어떤 것이 당신에게 더 '현실적'이거나 확실할수록 당신은 그 어떤 것에 진동적으로 더 가까워진다. 따라서 뭔가를 진심으로 믿고 이미 실현된 것처럼 행동하면 물리적 현실에서 그것이 당신에게로 다가올 가능성이 커진다.

당신이 누리고 싶은 현실을 맞이하거나 지각하기 위해서는 그 바라는 것과 에너지의 조화를 이루어야 한다. 즉, 우리의 생각, 감정, 말, 행동이 우리가 바라는 바와 일치해야 한다.

이는 같은 주파수로 맞춰진 두 개의 소리굽쇠를 서로 가까이 두는 것에 상응한다고 해도 무방하다. 한쪽 소리굽쇠를 때려 진동을 일으키면 다른 소리굽쇠도 건드리지 않고 내버려 두는 한

같이 진동하게 된다. 한쪽 소리굽쇠를 때려서 일어난 진동이 가만히 놔둔 소리굽쇠에 전달되는 이유는 두 소리굽쇠가 똑같은 주파수에 맞춰져 있기 때문이다. 다시 말해 진동이 서로 조화되어 있기 때문이다. 진동이 조화되지 않으면 때린 소리굽쇠의 진동이 다른 쪽 소리굽쇠로 전달되지 않는다.

마찬가지로 특정 라디오 방송국의 방송을 듣기 위해서는 라디오(수신기)를 그 방송국의 주파수에 맞춰야 한다. 그 방송국의 방송을 들으려면 그 방법밖에는 없다. 다른 주파수에 맞추면 전혀 다른 방송국의 방송을 듣게 될 뿐이다.

당신이 일단 뭔가와 진동이 공명하게 되면 그 뭔가를 당신의 현실 속으로 끌어당기게 된다. 당신이 어떤 주파수에 있는지 알아내기 위한 최고의 방법은 감정을 통한 것이다. 감정은 당신의 에너지를 그대로 반영해 주기 때문이다. 우리는 때때로 자신이 긍정적인 마음 상태에 있거나 바른 행동을 취하고 있다고 생각하지만 마음 깊숙이에서는 실제로 그런 게 아니라 그냥 그러는 척하고 있을 뿐이라는 걸 아는 경우도 있다. 감정에 주의를 기울이면 자신이 발산하는 진동의 본질을 알게 되고, 그에 따라 자신의 삶 속으로 무엇을 끌어당기고 있는지도 파악할 수 있다.

_____ 높은 상태의 진동을 유지하는 법

좋은 진동은 단지 더 높은 진동 상태일 뿐이다.

'좋은good'과 '긍정적positive'이라는 말은 뭔가 바람직한 것을 표현할 때 서로 바꿔 써도 무방하다. 예를 들어 당신이 과거의 어떤 일을 좋은 경험이나 긍정적인 경험이라고 말할 때는 그 일이 당신이 바랐던 대로 되었거나, 적어도 잘못될 가능성이 있었는데도 다행히 그렇게 되지 않았다는 의미를 내포한다.

따져 보면 당신이 어떤 일을 원하는 이유는 기분을 좋게 해주기 때문이다. 삶의 모든 바람의 추구 목적은 기분 좋은 감정 상태를 일으켜 불만족에서 벗어나기 위함이다. 우리 대다수는 바람을 이루면 행복이 뒤따를 거라고 믿는다.

감정이 당신이 통제할 수 있는 가장 강력한 진동에 속하며 본질적으로 우리가 추구하는 것이 긍정적 감정이라는 점을 감안하면 우리가 삶에서 추구하는 것은 좋은 진동의 경험이라고 추론해도 무리가 아니다. 한번 생각해 보자. 기분이 좋을 때는 삶도 좋게 느껴지지 않는가. 좋은 진동을 지속적으로 경험할 수 있으면 언제나 삶을 긍정적인 관점에서 바라볼 수 있다.

의사인 한스 제니Hans Jenny 박사는 '사이매틱스cymatics'라는 신조어를 만들어낸 것으로 유명한데, 사이매틱스란 눈에 보이는 소리와 진동을 연구하는 학문을 말한다. 이 사이매틱스와 관련해서 가장 유명한 실험 방식은 여러 주파수로 진동하도록 맞추어 놓은 금속 평판 위에 모래를 뿌려 놓고 바이올린 활을 평판의 가장자리에 대고 켤 때 모래에 나타나는 음향의 영향을 살펴보는 것이다. 해보면 주파수별로 다양한 패턴이 나타나는데 비교적 높은 주파수의 진동에서는 멋지도록 복잡한 패턴이 형성되고 낮은 주파수에서는 덜 흥미로운 패턴을 보인다. 결과적으로 말해, 높은 주파수의 진동에서 더 기분 좋은 효과가 일어난다.

이상적으로 우리는 삶에서 가능한 한 애정과 기쁨을 느끼고 싶어 한다. 이 애정과 기쁨은 가장 높은 주파수의 진동이 주는 감정이라, 원하는 것을 실현시키고 나아가 좋은 진동을 더 많이 발산하도록 도와준다. 반면 증오, 분노, 절망의 감정은 아주 낮은 주파수의 진동을 띤다. 우리가 원하지 않는 것을 더 많이 끌어당긴다.

진동의 법칙에서 내세우는 원칙에 따르면, 좋은 진동을 받기 위해서는 좋은 진동을 발산해야 한다. 우리가 내보내는 진동은 진동 주파수의 전송기와 수신기처럼 언제나 비슷한 주파수에서 진동하는 물질을 우리에게로 끌어들인다. 다시 말해 우리가 우주에 내보내는 감정은 그 감정과 조화되는 진동으로 우리에게 되돌아온다는 얘기다. 따라서 기쁨의 감정을 내보내면 기쁨을 느낄 일들을 더 많이 겪게 된다. 흔히들 원하는 것을 가져야만 기분이 좋아진다고 생각하는데 이는 잘못된 생각이다. 사실, 지금 당장부터 좋은 기분을 느낄 수 있다.

우리가 발산하는 감정은 유사성 원칙like-for-like basis에 의거해

우리의 경험으로 되돌아온다.

궁극적으로 자기사랑과 진동 높이기는 서로 밀접히 맞물려 있다. 진동을 높이려고 노력하면 당신 스스로에게 당신이 받아 마땅한 애정과 관심을 증명해 보여 주게 된다. 좋은 기분을 느끼며 좋은 것을 끌어당기게 된다. 긍정적인 행동을 취하고 마음가짐을 바꾸면서 더 위대한 일을 실현시키게 된다. 당신 자신을 사랑하면서 애착이 가는 삶을 살게 된다.

PART 2

긍정적인 에너지를 발산하는 방법

Positive Lifestyle Habits

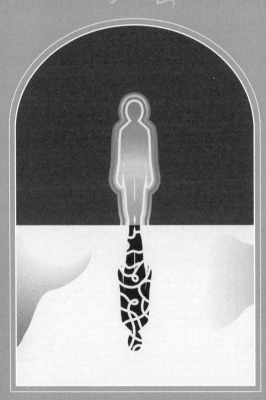

더 높은 진동 상태는 기분이 좋아지는 데 도움이 되며,

기분이 좋아지면 삶에서 더 좋은 일들을 실현시킬 수 있다.

더 높은 진동을 통해 더 기분 좋아지는 것을 목표로 삼아야 한다. 이 목표를 이루고 더 애착 가고 즐거운 상태가 되는 데에는 여러 가지 생활 습관이 도움이 된다.

진동을 높여 줄 만한 온갖 활동을 활용해 감정 상태를 바꿀 수 있다. 이 중에는 효과가 지속되는 활동들도 있고 반대로 감정이 잠깐 동안만 유지되는 활동들도 있다.

예를 들어 친구와 사이가 틀어져서 속상해 있다면 다른 친구들과 뭔가 재미있는 걸 하면서 감정 상태를 바꿔 볼 수 있다. 그외에 사랑하는 사람과의 신체 접촉, 소리 내 웃기, 기분 띄워 주는 음악 듣기, 선행 베풀기, 숙면 취하기, 몸 움직이기, 뭐든 즐거운 활동 벌이기 등의 방법도 있다. 하지만 얼마 후에는 다시 비참한 기분에 빠질 수도 있다. 뭘 해도 마음이 나아지지 않고 그저 일시적인 문제 회피에 그칠 뿐이다.

대안적 방법으로서 명상을 시도해 봐도 좋다. 명상은 시간이 지남에 따라 뇌의 작동 방식을 완전히 바꿀 수 있다. 낮은 진동의 감정을 찬찬히 살피면 더 높은 진동의 감정으로 전환하는 데 도움이 되는데 그에 따라 친구와의 관계를 보다 긍정적인 관점에서 바라보게 될 수도 있다.

모든 것은 에너지이기에 당신이 펼치는 모든 일이 어떤 식으로든 당신의 진동에 영향을 미치게 되어 있다. 가능한 한 최고의 당신이 되고, 가능한 한 가장 행복한 당신이 되기 위해 자기 사랑을 발휘해야 한다. 새로운 행동을 취하며 마음가짐을 긍정적으로 바꾸는 일도 필요하다.

_____ 우리는 서로의 에너지에 전염된다

당신보다 높은 진동을 발산하는 사람들과 어울려라.

당신보다 더 기분 좋은 상태에 있는 사람들과 어울려라.

에너지는 전염성이 있다.

기분이 그다지 좋지 않을 때는 기분 좋은 사람들과 어울려 보자. 기분 좋은 사람들은 당신보다 더 높은 주파수로 진동하므로 가까이에 있으면 당신도 이들의 에너지에 어느 정도 동화될 가능성이 있다. 연구가들이 밝혀낸 바에 따르면 녹조류인 클라미도모나스 레인하르티이는 다른 식물로부터 에너지를 얻는다고 하는데[*] 내 경험상 인간도 이 녹조류와 흡사하게 타인으로부터 에너지를 얻을 수 있는 가능성이 충분하다.

혹시 처음 만났는데 어쩐지 그다지 좋지 않은 느낌을 받았던 사람이 없는가? 당시엔 딱히 이유를 꼬집어 말할 수 없지만, 보통은 시간이 지나면 괜히 그런 느낌이 들었던 것이 아님을 알게 된다. 즉, 안 좋은 진동을 받았던 셈이다. 에너지는 거짓말을 하

....

* Blifernez-Klassen, O., Doebbe, A., Grimm, P., Kersting, K., Klassen, V., Kruse, O., Wobbe, L., 'Cellulose degradation and assimilation by the unicellular phototrophic eukaryote Chlamydomonas reinhardtii' (Nature Communications, November 2012)

지 않는다.

그 반대의 경우도 있으리라. 가만 보면 긍정적 에너지가 넘쳐 나는 사람들이 있다. 이런 이들은 언제나 주변 사람들에게 자신의 좋은 진동을 전염시켜 주는 듯 보인다. 내 경우에도 기운찬 사람들 주변에 있는 것만으로 감정 상태가 바뀌었던 적이 아주 많았다.

우리가 문제를 겪고 있을 때, 긍정적인 사람들은 힘을 북돋워 주며 긍정성을 취함으로써 문제 상황을 낙관적으로 바라볼 수 있게 도와주기도 한다. 그들은 당면한 상황 속에서 긍정적인 면들을 찾고 감정의 진동을 끌어올려 줄 뭔가로 우리의 초점을 옮기게 해준다.

그러니 긍정적인 사람들과 깊이 있고 지속적인 관계를 맺기 위해 노력하자. 당신의 삶을 더 가치 있게 해주고 당신의 기분을 더 좋게 해주는 사람들과 많은 시간을 보내다 보면 그들의 사고 패턴을 차츰 받아들이게 되면서 언젠간 내가 긍정적인 사람들 특유의 진동을 그들에게 반사해 주게 될 것이다.

진동의 법칙에서 암시해 주고 있듯 우리는 우리와 똑같은 주파수로 진동하는 사람들을 끌어당긴다. 따라서 다른 사람들 덕분에 긍정적인 감정을 느끼게 되는 경험을 꾸준히 하게 되면 우리의 삶 속으로 훨씬 더 긍정적인 사람들을 끌어당기게 되고 또 그로써 우리 주변에 좋은 진동을 보강하게 될 것이다.

_____ 신체언어를 변화시키는 법

일이 잘 풀리지 않을 때는 미소를 짓기가 힘들다. 그런데 사이먼 슈날Simone Schnall과 제임스 레어드James Laird가 벌인 2003년도의 한 연구에서 증명되었다시피, 억지 미소를 지으면 일명 엔도르핀이라는 행복 호르몬이 분비되고 이 호르몬을 통해 자신이 행복하다고 생각하도록 뇌를 속일 수 있다.*

처음엔 조금 미친 사람처럼 느껴질지 모른다. 별 이유도 없이 미소를 짓기가 너무 이상하게 느껴진다면 미소 지을 만한 이유를 찾아보자. 당신의 그런 미소가 다른 누군가를 기분 좋게 해줄 수도 있다는 생각으로 미소를 지어 보는 건 어떨까. 그러면 그 사람이 당신에게 미소로 화답하며 당신에게 계속 미소 지을 만한 진짜 이유가 생기게 해줄지도 모를 일이다.

사실, 우리의 몸과 생리 전체는 우리의 생각과 감정에 영향을 받는 경향이 있다. 우리는 외부 상태를 바꾸는 것으로 내면의 상태를 바꿀 수 있다. 의외의 얘기로 들릴 테지만 우리가 다른 사람들에게 전달하는 메시지의 대다수는 비언어적인 방식으로 전달된다. 가령 얼굴 표정이나 제스처, 심지어 말투를 통해서

....

* Schnall, S., Laird, J.D., 'Keep smiling: Enduring effects of facial expressions and postures on emotional experience and memory' (Clark University, Massachusetts, 2003)

도 메시지가 전달된다. 따라서 신체언어를 통해 전달하는 메시지에 신경 쓸 필요가 있다.

내가 당신에게 우울한 사람의 모습을 연기해 달라고 하면 당신은 어떤 모습을 해보여야 할지 정확히 안다. 고개를 숙이고 몸을 구부정하게 하면서 어두운 표정을 지을 것이다. 화가 나 있을 때의 모습을 보여 달라고 부탁하면 그런 모습 역시 쉽게 해보이리라.

그럼 이번엔 만족스럽고 기분 좋은 사람은 어떤 모습일지 생각해 보자. 그런 사람은 어떤 얼굴 표정은 지을까? 어떤 자세로 서 있을까? 특유의 몸짓은 없을까? 손을 어디에 둘까? 어떤 제스처를 해보일까? 어떤 말투로 말할까? 말하는 속도는 어떨까?

기분 좋은 사람처럼 행동하면
당신의 내면 상태가 바뀌면서 진동이 높아질 것이다.

이런 식으로 진동을 올리는 것은 건전하지 못한 방법 같다는 생각이 들 만도 하지만, '그런 척하다 보면 나중엔 정말 그렇게 된다'는 개념은 그동안 숱하게 검증되어 왔다. 예를 들어 미국의 권투 선수 무하마드 알리는 다음의 유명한 말을 한 바 있다. "위대한 챔피언이 되기 위해서는 자신이 최고라고 믿어야 한다. 당신이 최고가 아니라면 최고인 척해라." 이 말이 세상에 나온 배경은 그가 소니 리스턴을 상대로 치렀던 시합이었다. 알리는 이 시합이 열리기 전에 승산이 낮은 선수로 판정받았다. 그는 자신이 리스턴을 때려눕히게 될 것처럼 행동하기로 마음먹었다. 그래서 팬들에게 승리를 호언장담하며 뻐기고 다녔고, 결국 시합에서 정말로 리스턴을 때려눕혔다.

이 개념을 잘못 이해해서 남들의 관심을 끌어 더 좋은 기분을 느끼고자 자신이 특정 자산이나 재능을 갖추고 있는 척하는 사람들도 있다. 기억하자. 이 방식은 특정 방식의 행동을 통해 단순히 자신감을 끌어올리고 자신이 나아가고자 하는 방향을 더 기분 좋게 느끼고자 할 때에만 유용한 기술로 적용된다. 그럴 때만 상상 속의 자신감이 서서히 진짜 자신감이 되고, 조화되는 진동을 통해 정말로 점점 더 기분이 좋아진다.

사회 심리학자 에이미 커디Amy Cuddy는 신체언어가 -남들이 우리를 바라보는 관점뿐 아니라- 우리가 우리 자신을 바라보는 관점에 영향을 미치는 방법을 연구하는 분야에서 알아주는 인물이다. 이런 커디가 공동저자로 작성한 연구 보고서에서 주장한 바에 따르면 힘을 연상시키는 자세 세 가지 중 하나를 단지 하루에 2분씩만 취해도 자신감 호르몬인 테스토스테론을 20퍼센트 늘리고 스트레스 호르몬인 코르티솔을 25퍼센트 낮출 수 있다.[*] 이른바 이런 '파워 포즈power pose'가 더 힘 있는 자신을 느끼는 빠르고도 쉬운 방법이라고 한다.

_____ 나만의 충전 시간 가지기

휴식 시간 갖기의 중요성을 과소평가하지 마라. 때로는 삶과 주변 상황에 너무 휘둘려 버겁고 신경이 날카로워진다. 이럴 땐 긴장을 풀고 스트레스를 주는 상황과 좀 거리를 두는 것이 간단한 해결책이다. 혼자만의 시간 갖기를 두려워하지 마라. 살다 보면 때때로 사람에 지칠 때가 있다. 당신이 내향적이라면 이런 감정이 꽤 자주 들 수도 있다. 여기저기서 당신을 필요로 하는 사람들이 힘에 부치기도 한다.

파트너나 친구나 가족과 함께 살고 있다면 혼자만의 시간을 갖는 게 조금은 잔인한 행동처럼 느껴져 꺼려질지도 모른다. 하지만 혼자만의 시간을 갖는 일은 당신이 그 동거 상대를 싫어한다는 의미가 아니다. 그 상대에게 질렸다는 의미도 아니다. 단지

....

[*] Carney, D., Cuddy, A., Yap, A., 'Power Posing: Brief Nonverbal Displays Affect Neuroendocrine Levels and Risk Tolerance' (Psychological Science, 2010)

당신에게 휴식이 필요하고 한숨 돌리면서 재충전할 기회가 필요한 것일 뿐이다. 잠시 혼자 있어야 할 필요성이 생겼을 뿐이다. 현대인들은 매스컴과 SNS에도 과도한 자극을 받기 때문에 이런 매체로부터 피로감을 느끼기도 한다.

그렇다면 휴식이 필요한 상태인지를 어떻게 분간할 수 있을까? 하나의 예를 들어서 얘기해 보자. 누군가 당신을 위해 좋은 것을 해주려 애쓰는데 당신으로선 그렇게 애쓰는 상대가 너무 부담스럽게 느껴지거나 당신의 공간을 망쳐 놓고 있다는 기분이 든다면 그것이 바로 사람에게 지쳤다는 신호일 가능성이 있다. 이럴 땐 상대가 좋은 의도에서 그러는 걸 알아서 마음에 걸릴 테지만 알면서도 그만했으면 좋겠다 싶어진다.

멕시코식 스페인어에서는 이런 기분을 '엥헨타도engentado'라는 단어로 표현한다. 사람들과 함께 어울리다가 사람들에게서 떨어져 있고 싶은 감정이 들 때 바로 이 말을 쓴다.

매번 기분에 따라 행동을 달리해선 안 되지만, 잠시 단절되어 있고 싶은 마음을 안 좋게 여길 필요는 없다. 잠시 거리를 두는 일은 당신만이 아니라 다른 사람들을 위해서도 좋은 일이다. 재충전의 시간 없이 사람들에게 지쳐 있는 그런 마음 상태로 일상생활을 계속하다 보면 다른 사람들의 진동까지 떨어뜨릴 가능성도 그만큼 커진다.

자연 속에서 잠시 시간을 보내는 것도 아주 효과적이다. 자연에서는 쉽게 활력을 되찾을 수 있다. 1991년에 발표된 한 연구 논문에도 자연환경이 긍정적인 감정 상태를 유발하고 심리적 안정을 북돋아 회복 효과를 준다는 연구 결과가 실렸다.[*]

때로는 잠시 세상과 이어진 플러그를 뽑고 당신 자신을 리셋하자.

자연 속에서 시간 보내기를 복잡하게 생각할 필요는 없다. 밖으로 산책을 나가거나, 마당에서 운동을 좀 하거나, 나무 밑으로 가서 앉아 있거나, 별을 올려다보는 식으로 해도 된다. 해가 밝게 내리쬘 때 나가서 햇빛을 쐬면 체내 비타민 D는 물론, 천연 기분안정제 역할을 해주는 '행복' 호르몬 세로토닌 수치도 늘어나서 좋다.

....

[*] Fiorito, E., Losito, B., Miles, M., Simons, R., Ulrich, R., Zelson, M., 'Stress recovery during exposure to natural and urban environments' (Journal of Environmental Psychology, Volume 11, Issue 3, September 1991)

_____ 영감을 불러일으키는 일을 찾아라

영감은 나에게 추진력과 낙관성을 잃지 않게 해주는 힘이다. 요즘엔 영감을 얻을 수 있는 방법이 아주 많다. 자기계발서, 신문이나 파울로 코엘료의 소설 『연금술사The Alchemist』 같은 힘 나게 해주는 글을 읽어도 좋고, 팟캐스트를 비롯해서 영감을 얻기에 유용한 디지털 매체를 활용해도 좋다. 보고 있으면 영감이 북돋아지는 명작 영화의 힘도 빼놓을 수 없다. 내 경우엔 윌 스미스 주연의 〈행복을 찾아서The Pursuit of Happyness〉를 보면 힘이 난다.

이쯤에서 문득 삶에서 완전히 길을 잃고 헤맸던 한 시기가 떠오른다. 사업을 벌이려고 막 직장을 그만두고 동기부여 문구가 박힌 티셔츠를 팔던 때였다. 내 돈을 직접 투자한 사업이었는데 절망스럽게도 기대만큼 팔리지 않았다. 시작할 때만 해도 며칠 내에 매진될 줄 알았다. 그동안 경영서란 경영서는 닥치는 대로 읽어 보고 매일 수 시간씩 패션 블로그 이곳저곳을 돌아다니면서 회사를 성공적으로 운영하고 패션계에 대단한 혁신을 일으키기 위해 필요한 지식을 모두 갖추었다고 자부하고 있었다. 하지만 막상 부딪혀 보니 현실은 내가 알던 것과는 달랐다.

나는 차츰 나 자신과 내 능력에 회의가 들었다. 삶의 방향을 제대로 잡은 건지 의문도 일었다. 엄마가 쩔쩔매고 있는 나를 보다 못해 생활비와 부양비를 벌어야 할 형편인데 다른 일자리를 구해야 하지 않겠냐고 말했다. 압박감이 상당했다. 자신의 능력을 의심하기 시작하면 금세 비참함의 바다 깊숙이 빠져들기 십상이다. 온갖 낮은 진동 상태를 겪기 시작하면서 심리적인 타격을 입을 수도 있다.

아무래도 뭔가를 해야 할 것 같았다. 나는 이런저런 자기계발 오디오북을 듣고 온라인 동영상을 보고 자기계발서뿐만 아니라 여러 기사와 인용문과 블로그 게시글도 읽었다. SNS를 통해 알게 된 기업가 친구들과 이야기를 나누기까지 했다.

다른 사람들의 고생담을 접하면서 그들이 어떻게 불리한 상황을 딛고 고난을 극복해 냈는지 배웠다. 그러자 어느 순간부터 영감이 떠오르고 나 자신에 대한 믿음이 커져 갔다. 이런 체험담은 한 번 실패했다고 삶이 끝나는 건 아님을 보여 주는 사례였다. 지금까지 뭔가 대단한 일을 성취해 낸 사람들은 누구나 다 크나큰 난관이나 실패에 직면했다. 하지만 체념하지 않으면 그것으로 끝이 아니다.

솔직히 말해서 내 티셔츠 사업은 잘되지 않았다. 하지만 나는 자포자기하지 않았고 새로운 도전을 시도했다. 결과적으로 내 첫 사업의 실패 경험은 여러 가지 변화에 도화선이 되면서 결과적으로 나에게 굉장한 도움이 되었다. 영감을 얻으면 추진력이 생길 뿐만 아니라, 당신이 나아가고 있는 방향이나 삶의 가능성을 긍정적으로 여길 수 있게 된다.

_____ 가십에 현혹되지 마라

**드라마는 TV를 위한 것이지 현실의 삶을 위한 것이 아니다.
자신을 유일한 주인공으로 삼아 드라마를 찍어대는
다른 누군가에게 휘말려 단역을 맡지 마라.**

누구나 살다보면 어느 순간 남말하기에 끼어들게 된다. 때로
는 자신도 모르는 사이에 그렇게 된다. 남말하기에서의 최악의
문제는 대다수 사람이 사실상 남말하기를 즐긴다는 사실이다.
자신이 흠을 잡고 있다고 생각하지 않고 남말하기를 무해하게
본다. 그저 주변 사람들에 관한 솔깃한 소문을 듣고, 또 그 소문
을 퍼뜨리며 반응을 얻는 일을 신나 하며 즐긴다.

그래서 남말하기가 진동을 떨어뜨리기에 딱 좋은 방법이라는
거다! 남말하기는 우리의 에고(이기심)를 먹이로 삼는다. 남말하
기의 본래 의도는 자기 자신에 대해 좋게 느끼고, 자신이 남들
보다 우월하다고 느끼려는 이기심이기 때문이다. 남말하기에서
는 타인의 흠을 잡기 일쑤이며 흠잡기는 대체로 증오에서 비롯

되는데, 증오는 낮은 진동 상태라 삶 속으로 불쾌한 경험을 초래할 뿐이다.

이미 앞에서 분명히 짚고 넘어왔다시피, 모든 생각과 말은 강력한 진동을 품고 있다. 우리가 남들에 관해 부정적으로 말할 때, 우리는 우주로 부정적인 에너지를 내보내는 셈이다. 그 결과 우리 자신의 진동이 낮아지면서 우리의 삶에 해로운 일들이 생기게 되고, 그러면 또 나쁜 감정이 생겨난다. 고대 인도의 전통 의학인 아유르베다에서는 남말하기가 일명 차크라라는 우리의 에너지 중심점에 영향을 미친다고 설파하고 있다. 남말하기가 더 높은 진동 상태에 이르지 못하게 방해한다는 말이다.

세상엔 가십거리에 잘 현혹되는 사람들이 있다. 그런 사람들을 상대로 가십을 통해 수익을 거두는 뉴스 매체도 있다. 뉴스 매체에서 마치 중립적이고 공적인 일인 양 남의 불행을 전하고 그에 따른 결과로 남들에 대해 이러쿵저러쿵 입방아를 찧는 것이 사회적으로 용납 가능한 일이 되었다. 하지만 자신이 가십의 주인공이 되면 기분이 좋지 않으리란 건 누구나 다 안다.

그러니 남말하기를 피하거나 보다 긍정적인 이야깃거리로 화제를 돌려 보자. 유심히 보면 남의 말을 하며 시간을 보내는 사람들은 대개가 불만이 많거나 남의 불행에서 위안을 찾는 듯이 보인다. 이런 사람들의 남말하기에 함께하다간 당신도 점점 삶에 환멸을 느끼게 될지 모른다.

드라마라도 찍듯 쓸데없이 극성을 떠는 사람에게 휘말리는 일 역시 스트레스와 불안감을 높일 수 있다. 자칫 저조한 감정 상태에 빠지게 되고, 지금쯤은 내가 말 안 해도 이미 알 테지만 이런 감정에 빠지면 바람직하지 않은 영향이 삶에 미친다. 괜히 휘말려서 즐거움을 포기할 필요가 있을까?

나는 그동안의 경험을 통해 극성떨기가 나에게 아무 도움이 되지 않는다는 사실을 깨달아서 어떤 수를 써서든 그런 상황을 피한다. 한번은 내 주장을 따지려 들며 별것도 아닌 일에 극성 떠는 사람을 만난 적이 있었다. 아이러니하게도 그때 내가 밝혔 던 주장의 논지는 '싸움은 평화를 해치기 쉬우므로 피하는 게 좋다'는 것이었는데 그는 여기에 반대 입장을 보였다. 내가 부 드러운 어조로 서로의 의견 차이를 존중한다고 말하며 다른 주 제로 넘어가자고 하자 그는 화를 냈다. 사실, 그가 내 관점에 정 말로 관심이 있어서 그러는 것으로 느껴졌다면 나는 기꺼이 의 견을 주고받으며 그의 말에 귀 기울여 주었을 테지만, 그는 따 지려고만 들었다. 그저 내가 틀렸음을 입증해서 내 기를 꺾어 놓지 못해 안달이었다.

그는 귀를 닫은 채로 입만 열었다. 배우려는 마음은 없고 지 시하려고만 들었다. 자신과 신념이 다른 나에게 화를 냈다. 내가 그릇된 정보를 퍼뜨리면서 세상에 고통을 유발하고 있다나 어 쨌다나. 그 분노는 나를 향한 인신공격으로까지 이어졌다. 자신이 벌인 싸움에 내가 말려들지 않고 버티자 특히 더했다. 어쨌든 나는 그냥 침묵을 지키며 싸움에 휘말리지 않을 수 있었다.

이 사람은 다른 사람들의 삶의 질에 깊이 마음을 쓴다거나, 세상의 고통을 예방하고 싶어 하는 것 같지 않았다. 그의 공격적 행동은 그 자신이 내세우는 요지와 모순되었다. 그는 그저 자신이 옳은 이유와 자신의 방법이 유일한 방법이라는 점을 정당화하길 원했다. 내 신념에 따르면 언제든 반격해 싸워야 한다는 자신의 진리가 깨지고 그 진리 없이는 자신의 정체성이 위협받는다고 여기는 듯했다.

이것은 에고의 작동이다. 당신의 에고는 생각에 따라 만들어진 자아상으로 일종의 사회적 가면과 같다. 에고의 지배를 받는 이들은 정체성을 잃을까 봐 두려워하며 살기 때문에 끊임없이 자신의 정당성을 인정받고 싶어 한다. 누군가가 당신을 좋아하지 않아서 속상하다면 당신의 에고가 작동한 셈이다. 사람들의 인정을 바탕으로 자기 존재의 정당성을 입증하려고 하다 보니 그렇게 속상한 것이다. 사람들이 당신을 인정해 주지 않으면 더 이상 현재의 자신에 대해 기분 좋게 느끼질 못한다.

우리의 에고는 언제나 중요하고 사랑받는 존재로 느껴지길 원한다.

즉각적 만족을 얻으려 한다.

다른 사람들보다 더 힘 있게 느끼길 원한다.

이것이 사람들이 필요 없는 것을 사는 이유다. 좋아하지도 않는 사람들에게 좋은 인상을 주기 위해 불필요한 물건을 사는 경우를 두고 하는 말이다. 이런 에고의 심리는 때때로 우리로 하여금 다른 사람들의 성공에 속 쓰리도록 만들기도 한다. 탐욕이 존재하는 이유이자 사회에 팽배한 경쟁심리의 이유이다. 이런 에고는 우리가 사랑과 이해의 마음으로 행동하지 못하도록 방해한다.

유감스럽게도 우리 중 상당수는 평생토록 스스로를 자신의 에고가 만들어 낸 특정 이미지와 동일시한다. 그렇게 되면 계속해서 그 이미지를 지키고 보호해야만 한다. 우리 자신이 만들어 낸 그 이미지를 남들이 인정해 주지 않으면 우리의 정체성은 위협받게 되고 에고는 자신을 보호하려 전전긍긍하게 된다. 앞서 소개한 사례가 딱 그런 경우다. 그 사람은 내 신념으로 인해 어쩔 수 없이 자신의 신념에 의문을 가져야 했고, 그에 따라 자신의 정체성에 대해서도 의문을 가져야 하는 상황에 처하자 위협을 느꼈다. 그래서 그렇게 금세 방어적인 태도로 변해 공격을 해댔던 것이다.

에고로 인해 삶에서는 이런 일이 자주 일어난다. 사람들은 호기심 때문이 아니라 단순히 남들이 틀린 것을 증명하고 싶어서 언쟁을 벌이기도 한다. 꼭 남들을 좋아하지 않아서가 아니라, 틀릴까 봐 걱정되고 자신이 어떤 사람인지 잘 몰라서 자신의 진실을 지키고 싶어 하는 것이다. 하지만 분명 세상에는 과장되게 극성떨면서 그런 유해한 환경을 즐기는 것처럼 보이는 이들도 많다.

나는 마음을 열고 다른 사람들의 관점에 귀 기울이려 애쓴다. 하지만 내 의견이나 내 의견의 근거에 전혀 관심이 없는 사람들에게는 시간을 낭비하지 않는 게 좋다는 사실도 깨달았다. 자기도 모르게 남들의 내면 싸움에 말려들지 않도록 주의해야 한다.

문제점을 논의하며 바람직하게 지식을 주고받으려면 남들을 깎아내려서 우월감을 느끼고 싶은 의도가 없어야 한다. 이런 의도는 그릇된 자아감을 심어 주고 그 결과, 당신의 진동을 낮춘다. 남말하기나 극성떨기에 말려드는 것 말고도 시간을 쓸 일은 많고 많다. 차라리 당신 자신의 삶과 삶의 개선을 위한 노력에 집중해라. 시간은 소중하니 당신의 삶을 더 위대하게 만들어 줄 건설적인 일을 실행하며 그 소중한 시간을 현명하게 써야 한다.

_____ 영양분과 수분을 가려서 섭취하라

당신이 먹는 것이 당신을 먹는다.
즉, 당신이 먹는 것이 당신의 삶을 통제한다.

당신이 먹고 마시는 모든 것은 중요하다. 당신의 진동과 현실에 영향을 미치기 때문이다. 생각해 보라. 충분한 음식과 충분한 수분을 섭취하지 않으면 어떻게 기분이 좋을 수 있겠는가?

졸리고 나른한 기분에 빠지게 하는 음식은 낮은 주파수에서 진동하는 음식이다. 따라서 이런 음식을 먹으면 우리의 진동도 달라진다. 이런 음식의 상당수는 정크 푸드이며 안타깝게도 그것들은 기막힌 맛을 내도록 가공된 식품이다. 이런 맛 때문에 자주 몸에 안 좋은 음식을 폭식하는 사람들도 있는데 이런 음식은 기분을 가라앉게 할 뿐만 아니라 체중을 늘리고 병에 더 잘 걸리게 한다.

1949년에 앙드레 시모네통André Simoneton이라는 프랑스의 전자기학 전문가가 특정 음식들의 전자기파에 대한 연구 결과를 발표했다. 모든 음식은 특정 양의 칼로리(화학 에너지)뿐만 아니라 진동하는 전자기력도 갖고 있다는 내용이었다.* 시모네통이 밝혀낸 바에 따르면 인간이 건강한 상태로 간주되려면 6,500 옹스트롬(옹스트롬은 1억 분의 1센티미터에 해당하는 크기로, 전자기 파장의 길이를 나타내는 단위다.)의 진동을 유지해야 한다.

시모네통은 0에서부터 10,000옹스트롬에 이르는 크기에 따라 음식들을 네 가지 종류로 분류했다.

··················

* Simoneton, A., Radiations des aliments, ondes humaines et santé (Le Courrier du Livre, 1971)

그 첫 번째 종류에는 신선한 과일과 생채소, 통곡물, 올리브, 아몬드, 헤이즐넛, 해바라기 씨, 간장, 코코넛 등 높은 진동의 음식이 포함되었다. 두 번째 종류는 삶은 채소, 우유, 버터, 계란, 꿀, 익힌 생선, 땅콩기름, 사탕수수, 와인 같은 낮은 진동의 음식으로 채워졌다. 세 번째 종류는 아주 낮은 진동의 음식들로 구성되어 익힌 고기, 소시지, 커피와 차, 초콜릿, 잼, 가공 치즈, 흰빵 등이 들어갔다. 마지막 네 번째 종류는 사실상 옹스트롬이 0이나 다름없는 음식들로, 마가린, 설탕절임, 술, 정제 백설탕, 표백 밀가루 등이 포함됐다.

시모네통의 이 연구는 어떤 음식이 우리의 진동에 좋을지, 어떤 음식을 피해야 할지 알게 해준다. 게다가 자연적으로 재배된 품질 좋은 유기농 제품은 대체로 비유기농 식품보다 더 높은 활기를 느끼게 해준다. 유기농 식품의 가격이 비싼 편이긴 하지만, 여기에 쓰는 비용은 건강에 안 좋은 음식을 먹어서 건강을 해칠 경우의 비용에 비하면 더 적을 수도 있다.

물의 중요성도 고려해야 한다. 우리 몸의 약 60~70퍼센트는 물로 이루어져 있으며 물은 신체의 기능을 위해 없어서는 안 되는 요소다. 물은 수분을 공급해 주고 몸 안에 있는 불필요한 독소를 씻어 내보내면서 더 높은 진동 상태를 유지해 준다. 몸속의 수분 평형(생물체 내에서의 수분 흡수량과 배출량의 평형 관계 ―옮긴이)이 깨지면 안 좋은 신체 반응이 나타나게 된다. 집중을 못 하고 어지러움을 느끼며 심지어는 의식을 잃을 수도 있다.

시모네통의 연구에 따르면 술은 진동이 아주 낮아서 주기적인 과음은 아주 위험할 수 있고 심지어 간 손상으로 인해 사망에 이를 수도 있다. 과음은 그릇된 인식을 유발하기도 해서 정상의 정신상태에서는 하지 않았을 행동을 하게 될 소지가 있다. 자칫 삶을 망칠 만한 잘못된 선택을 할 수도 있다. 술이 아무리 잠깐의 즐거움을 선사해 준다 해도 적당량을 넘지 말아야 한다. 정수된 깨끗한 물을 주된 수분원으로 삼아라.

_____ 감사함을 표현하라

학교에 대해 불평하기 전에 기억해라.
교육조차 제대로 못 받는 사람들도 있다.

살찌는 것을 불평하기 전에 기억해라.
먹을 것조차 없는 사람들도 있다.

직장에 대해 불평하기 전에 기억해라.
돈조차 없이 힘들게 사는 사람들도 있다.

집 안 청소에 대해 불평하기 전에 기억해라.
머물 거처조차 없는 사람들도 있다.

설거지에 대해 불평하기 전에 기억해라.
물조차 없이 살아가는 사람들도 있다.

당신이 얼마나 축복을 누리고 있는지는 생각도 안 해본 채
스마트폰으로 SNS에 온갖 불평을 늘어놓기 전에
잠시 감사하는 마음을 가져라.

감사히 여기기는 당신이 기를 수 있는 가장 간단하면서도 가장 효과적인 습관이다. 이제부터는 날마다 당신이 누리는 축복을 세어 보며 주변의 모든 것에서 좋은 면을 찾도록 의식을 훈련시켜 보라. 그러다 보면 금세 무의식적으로 상황의 밝은 면부터 보게 되어 삶에 대해 더 기분 좋게 느끼게 될 것이다.

감사함을 느끼는 동안엔 기분이 나쁠 수가 없다. 감사함을 표현한다는 것은 듣기에는 쉬울 것 같아도 대다수 사람들이 힘들어하는 일이다. 오히려 누리는 축복보다 짊어진 짐에 초점을 맞추거나, 가진 것보다 갖지 못한 것들에 주의를 기울이기 쉽다.

예전에 이 지구별에서 가장 성공을 거둔 몇몇 사람들에 관해 연구한 적이 있는데 그때 읽은 글 중에 강한 감동을 준 문구가

있었다. "위대함은 감사함에서 시작된다." 당시에는 이 문구를 깊게 생각해 보지 않았지만, 나이가 들면서 이 말의 진가에 눈 뜨게 되었다. 이제는 감사함 없이는 기쁨을 느낄 수 없다는 사실을 깨달았다. 감사함은 행복의 필수 요소다.

게다가 감사함을 표현하면 진동 상태가 변화되어 좋은 것들에게 더 많이 끌어당겨지게 될 뿐만 아니라 상황을 넓게 볼 수도 있다. 우리는 날마다 끊임없이 자신을 남들과 비교하는데, 이때 대다수는 자신이 남들이 바랄 만한 것을 누리고 있다는 사실을 잘 인정하지 않는다. 우리는 자신에 비해 운이 나쁜 사람들보다 운이 좋아 보이는 사람들과 비교를 잘한다. 얼마나 많은 사람들이 하루하루를 전쟁 속에서 살아가고 있는지 아는가. 그에 비하면 우리는 그런 류의 고통뿐만 아니라 뉴스에 나오는 여타의 고통으로부터 더없이 안전하다.

감사함을 표현하라고 하면 마음도 없이 건성으로 '고맙다'고 말하기가 쉽다. 감사의 표현에서 핵심은 감사함을 느끼는 것이다. 그러면 나에게 코칭을 의뢰했던 고객 윌의 사례를 가지고 진심 어린 감사함에 이르는 방법을 설명해 보도록 하겠다.

윌은 입을 떼자마자 자신의 온갖 문제점부터 풀어놓았다. 나는 윌의 말을 다 듣고 난 뒤에 그에게 감사한 점을 말해 보라고 했다. 윌은 감사할 일이 하나도 생각나지 않는다고 했다.

윌이 자신의 차를 소중히 여긴다는 것을 알아차린 나는 이렇게 물었다. "차는 어때요?" 그러자 그가 마지못해 대답했다. "그 래요, 뭐 차는 감사한 일 같네요." 이 정도의 감사함은 좋은 출발이긴 하지만 상태를 변화시키는 데는 별 도움이 안 된다.

나는 이어서 윌에게 그 차가 없었다면 어땠을 것 같냐고 물었다. 윌은 가만히 앉아서 생각에 잠겼다가 잠시 후 말을 늘어놓기 시작했다. "직장에 출근도 못 하고, 마트에 장 보러도 못 가고, 친구들을 만나러 나가지도 못하고 (중략) 학교에서 아이들을 태워 오지도 못했겠네요."

이렇게 하나하나 열거하며 그 상황들을 머릿속으로 그려 보기 시작하면서부터 윌에게서 상태의 변화가 감지되었다. 나는 한 단계 더 진척시키기 위해 물었다. "학교에서 아이들을 태워 올 수 없으면 어떻게 될까요?"

"글쎄요, 애들이 걷거나 버스를 타고 집에 와야겠죠."

나는 더욱 다그쳐 물었다. "아이들이 걸어서 집에 오게 되면 어떨까요?"

윌은 돌연 아이들이 추운 날씨에 걸어서 집으로 돌아오는 모습을 상상하게 되었으리라. 그럴 경우 아이들이 안전하지 못할 거라는 생각도 들었을 것이다. 이제 윌은 눈에 띄게 불안해하고 있었다.

잠시 후, 윌은 자신의 어린 시절을 되짚어 보다 집으로 가는 버스에서 자주 집단 괴롭힘을 당했던 일을 떠올렸다. 바로 그 순간, 깨달음이 왔는지 그는 거칠게 헉, 숨소리를 냈다. 뒤이어 월은 얼굴에 안도감이 내비치면서 마침내 인정했다. 단지 차를 소유하고 있다는 사실만이 아니라, 그 차 덕분에 사랑하는 이들이 더 나은 삶을 누리고 있다는 사실도 정말 감사한 일이라고. 이제 월의 상태는 완전히 바뀌었고 신체언어에서도 변화가 감지되었다.

감사함을 실천할 때는 당신이 감사함을 표할 그 특별한 대상이 없었다면 당신의 삶이 어떻게 달랐을지 상상해 보면 좋다. 그러면 강렬한 느낌과 감정이 일어날 테고, 바로 이런 느낌과 감정을 통해 감사하는 마음이 크게 북받치게 되는 셈이다.

명심하자. 당신의 세계에 잘 풀리지 않는 일이 많을지 모르지만, 잘되고 있는 일도 많다.

당신이 현재 누리는 축복을 더 많이 세어 낼수록
앞으로 세게 될 축복이 늘어난다.

이쯤에서 들려주고 싶은 짧은 일화가 있다. 나는 회사에 근무하던 시절에 나와 견해가 일치하지 않는 관리자와 함께 일했는데 우리 둘은 서로가 서로에게 일하기 힘든 상대였다. 하지만 그가 더 많은 권한을 갖고 있었기에 주도권은 언제나 그의 몫이었다.

수개월 동안 나는 그의 행동에 휘둘려 기분이 좌지우지되었고, 그 결과로 행동방식까지 좌지우지되었다. 나는 분개하고 그의 험담을 하고 회사에 나가기 싫어하면서 끊임없이 온갖 부정적 생각과 감정을 우주로 내보냈다. 그리고 마침내 악화일로를 걷게 되었다. 상황은 갈수록 더 나빠지기만 했다!

그와 거리를 두고 싶었지만 바로 옆자리여서 그럴 수도 없었다. 내가 요령껏 부딪히는 일을 피해도 그는 어떻게든 나를 도발하곤 했다. 그때만 해도 나는 내 감정을 분명하게 밝히길 겁내지 않았다. 불쾌하게 들릴 만한 말이라도 가리지 않고 했다. 리더로서의 자질이 없다는 말까지 거리낌 없이 해댔고, 당연한 얘기지만 그것은 상황의 개선에 별 도움이 되지 않았다.

그러다 영적 스승 에스더 힉스Esther Hicks의 온라인 동영상을 몇 편 보게 되었고 지금까지 내가 에너지를 그릇되게 쓰고 있었음을 깨달았다. 분명 상대에게도 문제가 있긴 했지만, 사실상 내가 해결에 초점을 맞추기보다 그 문제에 먹잇감을 대주고 있던 셈이었다. 이후 해결에 초점을 맞추기 시작하자 상황이 개선되어 갔다.

나는 보수가 좋은 직장에 다니고 있다는 것에 감사함을 드러내려고 의식적으로 노력했다. 사실, 나도 잘 알았다. 직장을 구하는 것조차 힘든 마당에 두둑한 급여를 주는 직장에 다닌다는 것은 특히 더 감사할 일이었다. 게다가 그 급여 덕분에 삶에서 여러 가지 안락함도 누리고 있었다. 나는 감사해하는 상태, 즉 높은 진동의 상태에 머물도록 마음을 다잡기 위해 자주 이런 감사할 면들을 떠올렸다.

몇 달 후, 이 관리자는 승진해서 다른 팀으로 옮겨 갔다. 나도 급여가 인상되었고 업무에서 훨씬 더 많은 자유를 누리게 되었다. 이 기간이 그 직장에서 보낸 가장 좋았던 시절에 든다. 단지 좋은 기분을 유지하기로 결심했을 뿐인데 기분이 훨씬 좋아지게 되는 보상을 얻게 된 셈이다.

너무도 많은 사람들이 에너지의 방향을 두려움에 맞춘다. 당신의 문제점들이 실제로는 존재하지 않는다는 얘기를 하려는 게 아니라, 에너지의 초점을 문제의 해결에 맞춰 보라는 얘기다. 우주는 모든 영역에서 풍부한 자원을 지니고 있다. 다만, 우리가 두려움의 환각에 가로막혀 그 풍부한 자원을 제대로 활용하지 못하고 있을 뿐이다.

_____ 자신의 감정을 유심히 살펴라

부정적 감정을 무시하는 것은 당신의 몸에 독을 품고 있는 격이다.

느끼는 모든 감정을 이해하는 법을 배워라.

여기에서의 목표는 억지로 긍정적인 생각을 하는 것이 아니라

부정적 생각을 유익한 생각으로 바꿔서

더 좋은 기분을 느낄 수 있게 되는 것이다.

지배적인 생각은 감정에 큰 영향을 미쳐, 상황을 어떻게 느낄지를 결정짓는다. 많은 사람들이 긍정적인 생각을 하려 애쓸 때 저지르는 문제가 있다. 바로 변환 과정을 무시하는 것이다. 부정적 생각을 그냥 털어내 버리고 감정을 무디게 만드는 게 부정적인 생각을 긍정적인 생각으로 변환하는 것이라고 여기는 셈이다. 이런 방법은 단지 괜찮다고 생각하도록 스스로를 속이려는 행동에 불과하기 때문에 대체로 효과가 없다. 진짜 감정이 그와는 다른 암시를 발산해서 효과가 없을 수밖에 없다. 억제된 감정은 몸 안에서 독이 되어 결국엔 타격을 입힐 수도 있다.

유독한 생각은 마음속 깊이 자리를 잡으면 이후에 비슷한 상황을 겪을 때마다 다시 모습을 드러낸다. 그러면 진동이 낮아질 뿐만 아니라, 이런 패턴의 지속에 따라 정신 건강까지 타격을 입게 된다. 주변의 사람들에게도 아주 해로운 사람이 되어, 외톨이가 되고 점점 더 불행해질 수도 있다.

그러니 부정적인 감정을 억누르지 말고 진동을 높일 수 있게 변환시켜라. 지금 당장만이 아니라 앞으로도 비슷한 일이 있을 때마다 그렇게 해야 한다. 자신의 감정을 이해하면 낮은 진동의 감정을 높은 진동으로 변화시킬 수 있게 된다. 자기계발에서 자기성찰을 강조하는 이유가 여기에 있다.

한 예로, 사라라는 이름의 내 의뢰인 얘기를 해보자. 사라는 새로 사귄 연인의 얘기부터 꺼냈다. 며칠 동안 문자와 전화를 잘 주고받다가 남자에게서 연락이 끊겼다고 한다. 사라는 휴대폰을 옆에 놓고 답 문자가 오길 기다렸지만, 남자의 문자는 끝내 오지 않았다. 그러자 사라의 머릿속을 이런 생각이 지배하기 시작했다. '내가 못생겨서 다들 나한테는 관심도 없고 내줄 시간도 없나 봐.' 이런 생각이 들자 사라는 슬퍼졌다.

그녀의 부정적인 감정을 긍정적인 감정으로 되돌려 놓아야 하는 상황이었고 그래서 우리는 다음과 같은 단계적 방법을 따르기로 했다.

부정적 감정을 긍정적 감정으로 변환하라

1. **분간해 내기** : 감정 상태를 변화시키기 위해서는 어떤 감정을 느끼고 있는지 분간해야 한다. 사라의 경우엔 슬프고 두려운 감정을 느꼈다. 우리가 더 깊이 파고들어 살펴보니, 사라는 자신이 괄시받고 있다고 느끼며 자신감이 하락한 상태였다.

2. **질문하기** : 우선 스스로에게 물어보자. '왜 이런 감정을 느끼는 걸까?', '어떤 생각이 이런 감정을 일으킨 걸까?' 하고 말이다.

사라가 슬픔을 느꼈던 이유는 답 문자가 오지 않아서였다. 문자가 오지 않자, 자신이 못생겨서 아무도 자신에게 관심을 주거나 시간을 내주지 않는다는 생각이 자꾸 들었다. 그리고 이런 생각은 자신감을 떨어트리고 외로움을 느끼게 만들었다.

이 단계에서는 자신의 생각을 의식적으로 짚어 보게 된다. 우리가 갖고 있는 믿음의 상당수는 과장, 오해, 남들로부터 강요된 견해에 바탕을 둔다. 따라서 우리 머릿속의 이런 잘못된 개념과 판단에 의문을 던져야 한다. 우리의 사고 과정을 분석해서 부정적인 사고 패턴을 보다 긍정적인 사고 패턴으로, 논리적으로 바꿔 나가야 한다.

생각의 이면에 깔린 믿음에 도전해 그 타당성에 의문을 던져 보자. 예를 들어 사라의 경우엔 이렇게 자문해 봤다. '정말로 내가 못생겨서 아무도 나한테 시간을 내주지 않는 걸까?' 사라는 이 의문을 깊이 생각해 보다가 이제껏 자신이 왜 그런 식으로 느꼈는지 알게 되었다. 이 단계에서는 더 깊이 파고들 수밖에 없는 의문을 던지는 것이 좋다. 극단적 질문을 제기해 보는 방법도 좋다. 그래야 극단적 답변을 얻을 수 있기 때문이다. 사례로 든 사라의 경우엔 뒤이어 이런 자문을 던졌다. '이런 일이 내가 절대 행복해질 수 없다는 걸 의미할까?'

사라는 이 의문들을 곰곰이 생각한 끝에 자신이 상황을 과장하고 있음을 알았다. 한 남자가 답 문자를 주지 않았다고 해서 자신이 절대 행복해질 수 없는 건 아니었다. 자신의 기쁨은 남들이 자신을 대하는 방식에 따라 결정되는 게 아니라는 사실도 깨달았다.

사라의 경우가 그러했듯, 스스로에게 의문 던지기는 자신이 가진 사고의 제약을 알게 해주기도 한다. 자신이 삶의 여러 상황에서 잘못된 추정을 하면서 부정적 측면에 초점을 맞추어 왔다는 사실을 비로소 깨닫게 되는 셈이다.

한번 시도해 보라. 가능하다면 당신을 불행에 빠뜨렸던 과거의 경험을 끄집어내 그 일의 핵심을 파고들게 해줄 직접적인 질문을 던져라. 잠재의식이 이런 과거의 경험에 부정적 결론을 부여함으로써 슬픔을 유발하고 있음을 깨달아야 한다. 교훈이라는 이름으로 저장되어 있는 이런 부정적 결론에 의문을 던져야 한다. 부정적 교훈을 바로잡지 못하면 그 교훈이 잠재의식에서 반복해서 재생된다. 이런 교훈이 반복 재생되면 기분 나쁜 감정이 서서히 당신을 짓눌러 우울증을 일으킬 수도 있다.

3. 이해하기 : 이번 단계의 관건은 감정 이면의 더 깊은 의미를 이해하는 것이다. 사례로 소개한 사라의 경우엔 자신이 최근의 일로 자신 없어 하는 감정을 느끼고 있다는 걸 알게 되었다. 사라는 자기 자신이 별로인 것 같이 느껴져 불안해하고 있었다. 상대가 답 문자를 보냈던 며칠 동안엔 스스로에 대해 더 기분좋게 느꼈었는데 말이다. 그동안 사라는 사회적 수용과 인정을 절실히 필요로 했던 것이 확실했다.

감정 이면에 감추어진 더 깊은 의미를 깨달아 그 깨달음을 성장의 기회로 활용해야 한다. 사라는 스스로의 가치가 남들의 생각에 따라 좌우되었던 이유가 자신의 낮은 자존감 때문임을 알게 되었다. 그런 이유로 자신을 더 기분 좋게 느끼기 위해서는 남들에게 높이 평가받고 인정받아야 했던 것이라고.

4. 대체하기 : 사람을 무력화시키는 이런 생각들을 힘을 북돋는 생각으로 바꿔야 한다. 스스로에게 다음과 같이 물어보자. '나 자신을 더 기분 좋게 느끼며 더 위대한 삶을 사는 데 도움이 되려면 상황을 어떤 식으로 바라보고 처리하는 게 좋을까?'

해로운 생각을 그 순간에 자신을 더 기분 좋게 느끼게 해줄 만한 생각으로 변환시키는 과정은 꼭 필요하다. 사라는 남들이 자신을 어떻게 대하든 간에 자신은 사랑받을 가치가 있다고 스스로에게 상기시켰다. "나는 나 자신을 사랑하고 그것으로 충분해. 내가 나 자신에게 주는 사랑은 나를 진심으로 좋아하는 누군가를 통해 다시 나에게 돌아올 거야."

이렇게 힘을 북돋는 생각에 실체감을 더하기 위해 느끼고 싶은 그대로 느꼈던 때를 떠올려 보자. 사라는 자신이 가치 있고 사랑받고 있다고 느끼며 자신감에 차 있던 기억을 떠올렸다.

그때의 일을 머릿속으로 상상하며 그 순간을 다시 체험하는 셈이다.

이 방법은 자신감을 끌어올릴 뿐만 아니라 해결책을 제시해

줄 수도 있다. 과거에 비슷한 상황을 겪었을 때, 유용하게 작용했던 어떤 행동을 기억해 낼지도 모른다.

5. 시각화하기 : 당신이 현재 느끼고 있는 그 감정을 처리하는 미래의 당신 자신의 모습을 마음속에 그려 보자. 그러면 그 장면을 상상하는 사이에 진동이 높아질 뿐만 아니라, 그 감정과의 자율 연상이 일어나 앞으로 뇌가 당신을 위해 그 감정을 힘들이지 않고 술술 처리해 줄지도 모른다.

반복해서 거듭거듭 해보며 매번 상상력을 최대한 발휘해 마음의 눈에 더 진짜처럼 보이게 하라. 반복은 통달에 이르는 열쇠다. 그 감정을 처리하는 상황을 되풀이해서 연습하면 다음번에 그런 감정이 일어났을 때, 어떻게 다뤄야 할지 정확히 알게 된다.

_____ 현재를 의식하며 사는 법

다음 순간을 생각하며 보내는 매 순간마다
당신은 현재의 포용을 회피하는 셈이다.
삶을 순전히 머릿속에서만 살지 않도록 유의하라.

세계적으로 과학기술이 진보하면서 우리 사회는 주변 세상보다 개인 기기에 몰두하는 경향이 점점 높아지고 있다. 우리는 서로 간에 진짜 대화다운 대화를 나눠야 할 시간에 휴대폰을 붙잡고 지낸다. 화면을 들여다보며 디지털 교류를 나누느라 너무 바빠서 주변 상황을 잊어버린다.

가만 보면 사람들은 눈을 통해 직접 눈앞에 있는 것을 즐기기보다 카메라를 통해 체험하고 싶어 하는 듯하다. 콘서트장에서도 관중들은 휴대폰 카메라의 불빛을 깜빡이기 바쁘다. 이런 소중한 추억을 사진으로 남겨선 안 된다는 얘기를 하려는 게 아니다. 다만 화면을 통해 살아가다 보면 그 순간에 머물지 못하게 된다는 걸 강조하려는 것이다.

자꾸만 현재의 순간에서 유리되다 보면 갈수록 초조함, 불안감, 스트레스가 늘어난다. 바로 여기가 아닌 다른 공간에서 살도록 길들여져 버려 불안감에 휩싸인 채 일상을 보낸다. 게다가 주변 사람들을 소홀히 하다가 대인 관계에서까지 그 대가를 치르게 된다.

대체로 이런 이유로 인해 우리가 그렇게 단절감과 상실감에 빠져 괴로움을 느끼게 되는 것이다. 이럴 경우 자신이 살아가는 현실과 조화되지 않는 어떤 상상의 상황 속에 있다는 느낌이 들기 때문에 우리의 진동은 낮아지고 만다. 과거의 순간을 다시 살고 미래를 걱정하며 마음속에 장애물을 만들게 된다. 창의적

에너지를 파괴적인 생각에 쏟으면서 삶에 혼란을 초래하기도 한다.

현재는 당신이 가진 유일한 시간이다. 과거는 일단 지나가고 나면 존재하지 않는 시간이다. 마음속으로 아무리 수차례 되살려 봐야 소용없다. 미래는 아직 오지도 않은 시간인데 당신은 마음속에서 자꾸만 그런 미래로 자신을 데려간다. 현재가 가장 귀중한 순간인 이유는 절대로 되돌릴 수 없기 때문이다. 눈에 선하게 과거의 기억을 떠올릴 수 있을진 몰라도 그 순간을 물리적으로 다시 경험할 수는 없다.

기술은 하나의 도구이지, 삶의 대체물이 아니다.

시계나 휴대폰을 들여다볼 생각도 잊은 채 있었던 때를 떠올려 봐라. 어쩌면 그때 당신은 사랑하는 사람들과 같이 있거나 좋아하는 뭔가를 하는 중이었을지 모른다. 그때의 당신은 그 순간에 푹 빠져서 과거나 미래에 대해 걱정할 틈도 없었다. 그저 그 순간을 즐기고 있었다. 바로 그것이 '현재의 순간에 머무는 것'이다.

이 책의 뒤쪽에 가서 자세히 살펴볼 테지만 목표를 이루기 위해서는 미래를 위한 계획이 꼭 필요하다. 하지만 미래 계획에 지나치게 많은 시간을 쏟아서는 안 된다. 미래를 생각할 때의 현재는 현재로 변장한 미래에 불과하다. 당신은 10년 전에 바로 지금 시점의 미래를 상상했을지도 모른다. 그때 생각했던 미래가 바로 현재다.

20대 초반 시절에 나는 토요일 저녁에 나갈 계획이 잡히면 다른 모든 요일이 빨리 지나가길 바랐다. 다시는 돌아오지 못할 그 귀한 시간이 빨리 지나가길 바라고 있었다. 그러다 토요일이 지나가 버리면 뭔가 신나는 일이 계획된 또 다른 날에 관심을 돌리곤 했는데…… 때로는 그날이 몇 주 후일 때도 있었다!

삶의 전제 또한 이와 다르지 않다. 일단 태어나고 나면 매일의 24시간은 죽음에 하루 더 가까워지는 시간이다. 우리가 기다리고 또 기다리는 미래는 현재의 순간으로만 온다. 현재는 일단 오고 나면 너무 빠르게 지나가 미처 의식하지도 못한다. 우리는 그 다음 순간, 또 그 다음 순간을 기대하며 계속해서 관심을 빠르게 옮긴다.

우리 대다수가 이렇게 살고 있다. 잠에서 깨어 하루 일을 끝내고 나서 다시 잠을 잔다. 1년에 365번을 이런 식으로 보낸다. 우리는 성공, 사랑, 행복이 다가오길 기다리며 현재의 순간에 누리고 있는 것은 의식하지도 않는다. 혹은 원하던 바를 이루고 나서도 언제나 성취하려는 또 다른 뭔가가 생겨서 그 성취의 기쁨을 즐기지 못한다. 그러다 마침내 자신이 실제의 삶을 제대로 살아본 적이 없음을 깨닫는다.

우리는 상상 속에만 존재하는 미래에 맞추어진 삶을 살아가며

우리 눈앞에서 일어나고 있는 순간을 고스란히 놓치고 있다.

과거에 대해서도 마찬가지라고 말할 수 있다. 때때로 즐겁게 되돌아보는 애정 어린 기억들이 있더라도 그 과거는 지나간 일이며 바꿀 수 없다는 사실을 받아들일 줄 알아야 한다. 그 과거는 우리 마음속에서만 재현하거나 바꿀 수 있다.

이어서 살펴보려는 명상 연습을 참고하면 현재의 순간과 소통하는 데 도움이 될 것이다. 현재의 순간에 대한 의식을 강화하면 과거의 고통이나 미래의 두려움에 마비될 일이 없어서 진동을 더 높은 상태로 유지할 수 있다.

_____ 명상을 통해 배우는 직관적 사고

요즘엔 명상의 인기가 점점 높아지면서 온갖 면에서 찬사를 받고 있다. 작업치료(손상이나 질병, 질환, 장해를 지닌 환자들에게 일상생활의 활동들을 치료적 목적으로 사용하는 치료-옮긴이)에서부터 주류 매체에 이르기까지 아주 다양한 분야의 사람들이 명상 활동의 이로움을 이야기한다. 하지만 미경험자들은 명상 수행이

라고 하면 되레 위축되거나 시간 낭비 혹은 힘든 일로 여기기 쉽다. 나 역시 바로 이런 이유 때문에 수년 동안 명상을 피했다.

많은 사람들이 그렇듯 나도 명상을 해보기로 여러 번 마음먹었으나, 실행에 잘 옮기질 못했다. 마침내 명상을 시작했다손 치더라도 어색한 기분이 들었고 내가 제대로 하고 있는 건지, 혹은 이게 정말 효과가 있는지 의심스러웠다. 명상을 들쭉날쭉 실행하며 나에게 도움이 될 만한 방법을 찾기까지 쩔쩔맸다. 하지만 명상의 세계를 더 깊이 들여다보게 되고 나서야 깨달았다. 나는 명상을 너무 복잡하게 생각하고 있었다.

일단 전념해서 30일 연속으로 명상에 집중해 봤더니 차츰 변화가 느껴졌다.

1년 동안 하루에 15분씩 명상을 수행하고 나자 내 내면에서 굉장한 변화가 감지되었다. 그중에서도 특히 의미 있었던 변화는, 분노를 느끼는 빈도가 확 줄어든 점이었다. 과거에 나를 그렇게나 애먹이던 문제였는데 말이다. 변화가 일어나 예전 같으면 격한 감정 반응을 표출했을 만한 상황에서도 분노가 생기지 않았다. 혼란스러운 와중에도 차분함과 평정을 지킬 줄 아는 능력이 생겼다. 내 생각을 보다 의식적으로 통제하게 되었고 덕분에 더 자주 기쁨을 느꼈다. 이것은 나로선 무시할 수 없는 중요한 변화들이었다.

명상은 에고가 일으키는 저항을 누그러뜨린다. 그러면 평온감이 찾아오고 삶의 명확성이 커진다. 끈기도 늘어난다. 명상 수행 중에 나는 직관적 사고로부터 심오한 교훈을 배우는데, 이때 내 내면의 지혜와 접하게 되면 그동안 쩔쩔맸던 문제의 답이 명확해지기도 한다. 이제는 진동을 높여야 할 때, 명상이 도움이 된다는 확신을 갖게 되었다.

내 말에 고개를 갸웃할지도 모르겠다. 명상의 목표가 의식을 맑게 하는 것이라고 생각하는 사람들이 많은데 그것은 잘못된 생각이다. 사실상 명상의 목표는 집중이다. 명상은 현재의 순간을 의식적으로 자각하는 경지에 이르게 도와주며 이런 경지는 삶의 모든 방면에서 두루두루 활용할 만한 강력한 도구가 된다.

명상을 수행할 때는 감각을 통해 현재에 온전히 머무는 동시에 일정한 거리를 두고 아무런 판단 없이 생각, 감정, 신체감각을 차분하게 관찰하면 된다.

이쯤에서 지금 당장 해볼 수 있는, 짧은 긴장완화 명상법을 알려주고 싶다. 필요한 준비물은 펜과 종이 몇 장, 그리고 조용한 순간뿐이다.

일상에 활력을 불어넣는 15분, 명상 수행 가이드

① 직관을 통해 당신의 에너지 수준을 평가하라. 진동 수준을 1~10 사이의 숫자로 매겨 보라. '기분이 저조하고 아무것도 하고 싶지 않은 상태'라면 1, '기분이 아주 좋고 평온하며 더없이 즐거운 상태'라면 10을 기준으로 삼아서, 머릿속에 가장 먼저 떠오른 숫자를 적은 다음 의문을 달지 않도록 한다.

② 자, 이제 명상 상태로 들어서 보자. 이 단계에서는 눈을 뜬 상태로 긴장을 완전히 풀고 앉거나 서 있을 만한 장소를 찾아야 한다. 그렇게 해서 찾아간 장소가 어디이든 간에 그곳에서 당신의 몸을 의식해 보라.

지금 앉아 있는가?

서 있는가?

척추의 느낌이 어떤가?

아무것도 바꾸려 하지 마라.

그저 당신의 신체를 의식하기만 하라.

③ 이번엔 호흡을 의식해 보자. 그냥 관찰하는 것이다. 폐로 공기를 깊이 들이마셨다가 내뱉어라. 심호흡을 하며 폐에 공기를 최대한 가득 채웠다가 숨을 내쉴 때 탁한 공기를 모조리 내보내는 상상을 하라. 매 호흡마다 배가 볼록해졌다가 움푹 들어가는 것을 느껴라. 가슴이 오르내리는 데 집중해 보라.

④ 이번엔 주변을 둘러보자. 비판은 배제한 채로 눈에 보이는 색깔과 모양에 주목하라. 그냥 관찰하는 것이다. 눈이 주변의 모든 것을 받아들이게 놔둬라. 그런 다음 천천히 눈을 감는다. 마음의 화면에 비치는 것을 주시하라.

생각이 흐르게 놔주고 압박을 가하지 마라. 옳고 그름을 따지지 마라. 눈꺼풀의 긴장을 풀고 마음속에 떠올랐다 지나가는 생각들을 지켜본다. 호흡의 패턴에도 계속 주의하라. 들숨과 날숨, 팽창과 수축의 패턴을 느껴라.

⑤ 주변의 소리에 귀를 기울인다.

어디에서 들려오는 소리인가?

음색은 어떤가?

마음이 끌리는 소리인가?

두드러지는 음과 배경음이 구분 가능한가?

이번엔 호흡 소리에 귀를 기울여 보라. 들이쉬고 내쉬는 숨
소리에 주목하라.

⑥ 의식을 몸 전체로 옮긴다. 긴장된 부분이 있는가? 뭐든 바꿀
필요는 없다. 그냥 몸의 감각에 주목하라.

혹시 바로 지금 일어나는 느낌이나 감정이 있는가? 어떤 느
낌이나 감정인가? 몸의 어디에서 느껴지는가?

관찰하고, 느끼고, 귀를 기울여라. 그 다음엔 가만히 있다가
준비가 되면 천천히 손과 발을 움직여 보라.

그런 다음 눈을 떠라.

⑦ 이제는 명상 연습의 마지막 순서로, 에너지의 진동 수준을 확
인해 볼 차례다. 이번엔 당신의 진동 수준을 몇으로 매기고 싶
은가? 숫자로 평가해 보라. 앞서 매긴 숫자보다 높아졌는가?
그렇지 않다면 다시 한번 명상을 해보라. 그러다 보면 이 짧
은 명상 수행이 진동을 높여 준다는 사실을 느끼게 될 것이다.

위의 단계를 기억하기 힘들다면 휴대폰으로 그 순서를 녹음해서 가이드로 삼아도 좋다. 녹음할 때는 천천히 또박또박 말하면서 잠깐씩 말을 멈추고 단계를 수행할 시간을 두는 것도 잊지 말자.

명상은 전혀 복잡하지 않다. 불교계 대가 욘게이 밍규르 린포체도 명상을 위해 필요한 것은 단지 호흡의 의식뿐이라고 말했다.[*] 의식하면서 호흡하면 그것이 곧 명상이 된다. 명상은 이처럼 간단한 일이다. 그래서 어디에서나, 또 어느 때나 할 수 있다.

의식하는 상태에서 행하는 것은 그것이 뭐든,
심지어 설거지조차도 명상이 될 수 있다.

하루에 15분씩 30일 연속으로 명상을 해볼 것을 권한다. 너무 부담이 되면 5분부터 시작해서 점차 시간을 늘려 가도 된다. 호흡은 우리의 삶에서 아주 중요한 요소다. 우리는 숨을 쉬지 않으면 살지 못한다. 숨을 들이쉬면서 생이 시작되고 생이 끝나면 숨이 빠져나간다. 거기서 나온 말이 매 호흡마다 우리 내면에 변화가 일어난다는 말이다. 우리는 들이쉬고 내뱉는 매 호흡마

....

* 'Learn meditation from this Buddhist monk' (MBS Fitness, YouTube, 2016)

다 죽었다가 다시 태어나는 셈이다.

호흡은 활력, 즉 생명 에너지를 강화시켜 주는 매개다. 생명 에너지는 영적 전통에 따라 여러 명칭으로 불리지만 대체로 마나, 프라나, 기로 통한다. 우리가 숨을 쉴 때마다 생명 에너지가 우리 몸의 모든 세포 구석구석마다 스며들어 새로운 생명으로 진동할 수 있게 해준다. 더 충만하고 통제된 숨을 들이마시면 신경계를 진정시켜 진동을 높일 수도 있다. 명상은 길들여진 마음의 벽을 무너뜨려 더 참된 자신이 될 기회를 열어 준다. 또한 명상을 자주 하면 마음속에서 재생되어 왔던 제약적 생각들을 균형 잡힌 시각으로 볼 수 있게 된다.

PART 3

삶의 균형을
유지하는 원칙

Make Yourself a Priority

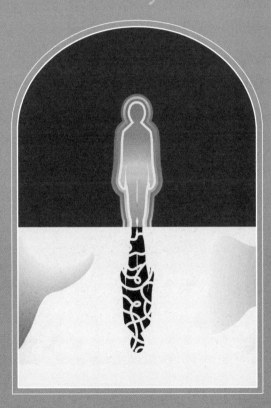

당신의 진동을 떨어뜨리는 사람들과 거리를 두는 것은
이기적인 일도 나약함의 암시도 아니다.
삶이란 균형잡기다. 삶에서는 친절을 베푸는 일도 중요하지만
타인이 당신의 친절을 깎아내리도록
내버려 두지 않는 것 또한 중요한 일이다.

당신 자신을 우선시하는 태도가 이기적이라고 생각하는가?
상황에 따라서는 남들은 제쳐 놓고 당신 자신만 생각하는 것이
이기적일 수 있다. 가령 여덟 조각으로 똑같이 잘라 놓은 파이
가 있고 방 안에 배고픈 사람이 여덟 명 있는데 당신이 두 조각
을 가져가는 경우라면 그것은 이기적인 일이다.

하지만 당신 자신을 우선시하는 태도가 중요할 때도 많다. 당

신에게 남들에게 베풀 에너지가 많이 있더라도 자신을 위해 사용할 에너지를 어느 정도 아껴 두어야 한다. 당신은 이 세상에 홀로 왔고 또 홀로 떠나게 될 것이다. 삶에서 가장 긴 관계는 당신 자신과의 관계다. 이 관계를 잘 다루어야만 타인들과의 관계도 잘 다룰 수 있다.

안타깝게도 —아무리 선의에 의해서라도— 자신의 행동과 말이 우리에게 미치는 영향을 고려하지 않은 채, 자꾸만 우리의 영혼에 고통을 가하는 누군가가 있다. 다른 누군가의 행동에 기분이 좌우되지 않는 경지에 올라서 있다면야 더할 나위 없이 좋겠지만, 그것은 최상의 정신적 경지이므로 어림없는 일이다. 그렇게 최상에 경지에 이른 이들은 남들이 자신을 어떻게 대하든 상관없이 무조건적이고 변함없는 사랑을 보여줄 수 있다. 하지만 우리 대다수는 아무 조건이나 기대 없이 모든 사람을 사랑할 수 있을 정도로 높은 의식의 경지에 오르기까지는 아직 갈 길이 먼 사람들이다.

정신적으로 높은 경지에 이른 사람이 아닌 한, 해로운 사람들과 지속적으로 어울리다간 에너지가 빨리기 십상이며, 그러다 보면 머지않아 진이 빠지는 기분이 든다.

긍정적인 사람들과 어울리면
삶에서 좋은 면을 보기가 훨씬 더 쉽다.

개인적 성장은 지속적인 과정이며, 다른 사람들의 행동에 영향을 받지 않는 경지까지 이르려면 오랜 시간이 걸릴 수 있다.

따라서 때로는 당신에게 상처를 주는 사람들을 끊어내야 한다. 그런 사람들은 독을 뿜어 당신의 성장에 제약을 가한다. 어쨌든 누군가가 계속해서 당신에게 독을 뿜어 보낸다면 방긋 미소를 지어 주는 것은 고사하고 자신의 본래 능력을 발휘하기도 힘들다. 식물을 생각해 보자. 유독한 환경에서 식물은 제대로 자라지 못하고 금세 시들시들해진다. 하지만 적절한 환경에 심어 주면 쑥쑥 잘 커서 보기 좋게 자란다. 그리고 일단 크고 강해지면 쉽게 망가지지 않는다.

사람들은 해로울 수도 있다. 그 해로운 사람은 당신이 하는 일에 사사건건 트집 잡는 누군가일 수도 있고, 너무 많은 기대를 걸거나 존중을 해주지 않거나 격려를 거의 안 해주는 그런 사람일 수도 있다. 당신을 조롱하고 무시하고 신체적 학대를 가하고 조종하고 업신여기는 사람들 또한 유해하다. 이런 사람들은 대체로 자신이 저지르는 행동을 정면으로 마주하지 않고 변하려고 하지도 않는다.

그래서 당신에게 독을 뿜는 사람들과 어울리면 당신은 내면의 평화가 깨지고 그로 인해 생겨난 고통을 다른 사람들에게 전가하기 쉽다. 이쯤에서 아직 답을 못 낸 앞의 의문을 다시 생각해 보자. 이런 상황에서 우리 자신을 생각하는 것이 이기적일까,

아니면 우리가 그런 대우를 받으면서도 괜찮기를 기대하는 사람들이 이기적인 걸까?

유해한 관계를 끝내기는 경우에 따라 아주 힘들 수 있다. 아무리 당신이 상처받고 있어도, 친밀한 관계 안에서 이탈하기는 쉽지 않다. 하지만 일단 당신의 삶에서 그런 사람들을 떼어내면 긍정의 강물이 흐를 길이 난 셈이다. 성찰, 치유, 성장의 시간과 여지가 생기면서 식물이 그렇듯 당신도 강해질 것이다.

_____ 언제나 자신의 행동을 점검하기

우리는 다른 사람들이 해롭게 행동하지 않길 바라면서도 우리 자신의 행동은 좀처럼 점검하지 않는다. 당신에게 가장 중요한 관계는 당신 자신과의 관계이니 당신 자신의 유해한 태도에서 탈피하지 않으려 한다면 그것은 어떤 구실로도 정당화될 수 없다. 따라서 혹시라도 당신에게 남들이나, 당신 자신에게 상처를 입히는 성향이 있는지 확인해야 한다.

속상하거나 화가 나 있을 땐 주변 사람들이 다 별문제 없이 사는 것처럼 보인다. 다른 사람들도 나름의 힘든 시간을 보내고 있을지 모른다는 생각은 미처 하지 못하고 기분이 안 좋다는 변명을 내세워 심술궂게 군다. 이런 마음과 행동은 상대를 슬픔에 빠뜨리기 쉽고, 결국엔 당신 자신에서 그치지 않고 다른 누군가까지 마음의 상처를 입게 된다.

항상 당신의 행동을 점검하고 유해한 행동을 변화시키기 위해 노력하라. 이는 당신 스스로를 성장시킬 방법일 뿐만 아니라 자기사랑의 실천이기도 하다. 당신 자신이 스스로의 진전을 제약하는 행동보다 더 나은 행동으로 대접받아 마땅함을 보여 주는 것이다.

자신이 타의 모범이 되며 사람들을 선도하고 있다고 믿는 이들조차 자신의 행동을 점검하는 걸 깜빡할 때가 많다. 나 자신의 경험에 비추어 봐도 확실히 그렇다. 내 인스타그램에 들어와 봤다면 알겠지만, 나는 인용문과 조언을 게시해 놓는다. 그런데 내 인스타그램 방문자들도 잘 모를 수 있지만, 내가 한 말이 다른 SNS 페이지에 도용되어 다른 누군가의 감동적인 말로 둔갑해 게시되는 경우가 아주 많다. 내 말과 생각이 사람들에게 공유되는 것을 보면 기분이 좋긴 하지만 내 고유 표식이 지워지고 내 공이 제대로 인정되지 않고 있는 것을 보면 서운하다.

나에게 정말로 충격적인 부분은, 수많은 방문자들에게 긍정을 권장하면서도 자신의 잘못은 바로잡으려 하지 않는 페이지들이 수두룩하다는 사실이다. 내가 연락을 하면 이런 페이지의 운영자들 대부분은 게시물을 내리고 정정해서 다시 게시하고 싶어 하지 않았다. 자신들과 그 게시물과의 연관성이 높아서 팔로워들을 잃을지도 몰랐기 때문이다. 개중에는 내 말을 가져다 수익까지 챙기고도 여전히 그것이 원래 내 말이라는 것을 인정해야 할 필요를 느끼지 않는 사람들도 있었다. 또 어떤 사람은 다들 그렇게 하고 있으니 그냥 좀 넘어가라고 말하기도 했다.

특히 별난 반응을 보인 이들 중 한 사람은 이런 말도 했다. "이쯤에서 그만합시다. 꼭 당신의 이름을 기재해야 하는 건 아니잖아요. 당신이 긍정적인 사람이라면 다시는 나에게 연락할 필요도 없겠네요." 이런 일을 겪으면서 깨닫게 되었지만, 설교에 열성을 쏟으며 긍정과 사랑을 권장하는 사람들조차 언제나 자신의 조언대로 실천하며 사는 것은 아니다.

사실, 그 사람들이 조치를 취하길 거절하면 나로서도 어쩔 도리가 없다. 이타적으로 일하는 데에 초점을 맞출 수밖에. 어렵사리 실망감을 극복하고 나서 나에게 가장 중요한 일은 긍정적인 메시지가 알려지고 있다는 사실이라고 스스로에게 상기시켰다. 이것이 내가 평안을 찾는 방식이다.

사람들의 이런 반응은 세상에서 아주 흔한 어떤 태도를 드러내 준다. 바로 책임 전가다. 우리는 자신의 행동에 책임지기를 회피하려고 대뜸 다른 누군가의 잘못을 지적하곤 한다.

그러면 남들이 자신의 행동으로 기분이 상할 경우 그것은 자신의 책임이 아니라고 말할 수 있다. 어쨌든 그들이 입은 상처는 자신의 탓이 아니라 그 행동을 향한 그 사람들의 인식과 생각에 문제가 있어서일 뿐이라며 책임을 전가한다.

나는 내가 맞다고 느끼는데 다른 누군가는 내가 틀리다고 느낀다면 누가 맞는 것일까?

하지만 누군가가 과잉반응을 하고 있다는 생각이 들 때조차, 그 사람이 그런 식으로 여기는 근본 원인을 이해하려 애써야 한다. 이럴 때의 원인은 대체로 당신이 그 사람의 개인적 가치관을 침범했기 때문이다. 누군가가 당신의 행동 때문에 상처받았다고 말하면 그 사람이 상처를 받았다고 믿어야 한다. 그 사람이 마음 상했는지 아닌지를 당신이 그 사람 대신 판단할 수는 없다.

나는 내 배우자 덕분에 이 점을 깨우쳤다. 나는 가끔 장난을 치다 너무 나가서 불쾌감을 일으킨다. 그러다 어느 날 아내가 용기를 내서 상처받았다고 털어놓았는데, 그때 나는 내가 저지를 수 있는 최악의 짓을 저지르고 말았다. 방어적 태도를 취하며 책임을 아내에게 전가해 아내가 나에게 마음을 털어놓은 것을 후회하게 만든 것이다.

누군가에게 그 사람의 감정이 타당하지 않은 감정이라는 식으로 말해선 안 된다. 먼저 이해해 주려 애써야 한다. 그 사람이 그런 식으로 느끼는 이유를 헤아려 준 다음 기분이 나아지게 해줄 만한 방법을 찾아라.

이것은 모든 관계에서 중요한 태도다. 우리는 저마다 다 다르고 모두가 자신의 감정을 존중받을 자격이 있다. 누군가의 고통을 인정하고 이해하면 그 상대를 알아갈 기회가 될 뿐만 아니라 자신의 성장에도 도움이 된다. 결점 없이 완벽한 사람은 없다. 우리는 누구나 실수를 한다. 하지만 배우고 성장하며 존중의 자세를 지키려는 의지를 가져야 한다.

_____ 좋은 파트너의 힘을 믿기

SNS를 통해 대화를 주고받는 관계가 아니라
서로 고민을 털어놓는 관계를 만들어라.
관계의 문제점을 바로잡아 주는 건 지위가 아니라 솔직한 대화다.

관계에서는 때때로 한쪽 파트너가 자신의 불안감 때문에 상대 파트너에게 고통을 준다. 단지 자신의 한계를 숨기고 우월감이나 권위를 쟁취하기 위해 상대가 스스로를 결점이 있는 사람처럼 느끼게 만든다. 이런 관계는 대체로 아주 해롭다. 유지될 경우 고통을 당하는 사람이 자책하며 무기력함이나 공허감을 느끼도록 내몰릴 위험이 있다.

예를 들어, 당신이 코가 큰 편인데 파트너가 당신이 보기에 매력적인 어떤 사람에게 친절하게 대하는 걸 알아챌 경우 당신은 그 사람의 코가 당신보다 작은 점에 주목하며 비교하게 될 수 있다. 그 사람의 코가 당신의 코보다 낫다는 생각에 마음이 쏠려 질투, 의심, 미움 같은 부정적 감정이 북받칠 수 있다. 이렇게 되면 자존심, 자신감만이 아니라, 심지어 에너지마저 저하된다.

마음속에서 은근히 못난 생각이 떠오른다. 그 사람의 코가 완벽해서 파트너가 그 사람에게 매력을 느끼고 있다는 둥 말이다. 그러면 꼬리를 친다는 억울한 트집을 잡으며, 당신의 고통을 파트너에게 풀게 될지도 모른다. 당신의 불안감을 파트너의 탓으로 돌려 파트너가 자신에게 주는 애정이 부족하고 자신을 존중해 주지 않는다는 식으로 파트너가 나쁘다는 암시를 내비치기 십상이다. 이것은 감정의 조작이다. 즉, 당신 자신의 감정을 스스로 책임지지 않고 다른 누군가에게 푸는 셈이다.

이때 당신은 파트너가 당신처럼 고통을 느끼게 하려 든다. 파트너가 스스로를 나쁜 사람으로 느끼게 하려고 파트너의 진정성과 도덕성을 문제 삼는다. 파트너의 잘못을 낱낱이 들추어낸다. 하지만 이렇게 해서는 갈등만 생길 뿐이며, 더 많은 불안감이 노출되어 서로 상처 주는 말을 주고받다 자칫 파괴적인 행동을 저지르게 될지도 모른다. 이럴 땐 오히려 당신이 그렇게 행동하는 근원을 파악해야 한다. 당신의 불안감 때문인가, 아니면 파트너가 유해한 태도로 행동해 왔기 때문인가? 감정의 조작은 결국 고통으로 끝난다.

반대로 파트너가 정말로 불순한 의도를 가지고 남에게 아양을 떨었을 수도 있다. 이런 상황이 용인되는 관계도 더러 있지만, 대체로는 용인되지 않는다. 당신은 누군가에게 존중을 강요할 순 없지만, 당신이 존중받지 못하고 있는 상황에서 빠져나올 수는 있다.

아주 불안한 상황 속에서도 건강한 관계를 이어가는 경우도 있다. 다만, 이런 관계가 되려면 서로를 존중하고 지지해야 한다. 두 파트너가 자신의 불안감에 대해 솔직한 태도를 갖고, 관계를 개선하기 위한 노력을 수용하고, 서로를 존중하며 상대에게 상처를 주지 않고 자신의 불안감을 이용해 상대에게 해롭게 굴지 않아야 한다. 모든 관계는 노력이 필요하다. 끊임없이 소통하고 서로 이해해 주어야 한다. 이는 아주 어려운 일이 될 수도 있다. 포기가 언제나 답은 아니더라도 때로는 그만두어야 할 수도 있다. 특히 당신의 자아감을 잃는 경우라면 더더욱.

때로는 유독한 관계를 끊어야만 상처가 치유될 수 있다.

건강하지 못한 관계는 우리의 선량함을 모조리 빼앗아 간다. 우리의 노력과 의지에 맞추어 주려는 마음조차 없는 누군가에게 모든 것을 내주게 되는 셈이다. 우리는 사랑 잔고를 비워 가며 상대에게 부유함을 느끼게 해주다 파산에 이르게 된다. 우리의 마음에 보답할 생각조차 없는 누군가에게 우리 자신을 내어주는 격이다.

군이 관계 전문가가 아니어도 깨우치게 될 테지만, 모름지기 관계란 힘을 북돋아 줘야 마땅하다. 끊임없이 한계와 결핍을 느끼게 해서는 안 된다. 그 속에서 공허감을 느끼는 관계는 바람직한 형태가 아니다. 특히 그 관계가 다른 누군가의 충만감을 채워 주기 위한 것이라면 더더욱 유지해서는 안 된다.

때때로 우리는 누군가에게 자신이 기대하는 이미지를 투영하거나 그가 잠깐 동안 보여준 특정한 이미지를 전부인 양 착각한다. 다시 말해 그 사람의 잠재성을 사랑하는 셈이다. 진지하게 교제했던 예전 파트너와의 과거를 곰곰이 생각해 보면 아마도 그 파트너에게서 가장 좋은 이미지를 느꼈던 시점이 있을 것이다. 그러다 시간이 지나며 그 파트너가 당신이 기대했던 그런 이미지와 딱히 들어맞지 않음을 깨닫게 되었으리라.

우리는 그 누구도 완벽하지 않으며, 따라서 완벽한 관계도 없다. 하지만 누구든 어떤 사람의 좋은 면과 훌륭한 파트너가 될 잠재성을 보고 그 상대에게 매달리는 함정에 빠질 수 있다. 물론 그런 경우에도 마음 깊은 곳으로는 자신이 헛된 희망에 매달리고 있음을 안다. 상대 파트너에게 개선의 의지가 없다면 그 관계는 시간 낭비가 될 수도 있다.

변하려는 의지가 없는 사람은 바꿀 도리가 없다.

상대가 관계를 개선하고 싶어 하는 척만 하는 건 아닌지 확실히 살펴야 한다. 그 상대는 헛된 희망을 키워 당신을 더 오래 붙잡아두기 위해 이런 '척하기 전략'을 사용하는 것일 수도 있다. 물론 이는 이기적인 행동이며 자신의 잠재력을 최대한 끌어낼 의지가 없는 사람의 특징이기도 하다.

유해한 사람임이 분명한데도 사랑하기 때문에 그 사람을 떠나기가 고통스러울 수도 있다. 나도 그 심정을 충분히 이해한다. 유해한 관계에서 벗어나는 일은 말하기는 쉬워도 행동으로 옮기기는 힘들다. 많은 사람들이 할 수 있는 한 오래 그런 부정적 관계를 포용하며 떠나지 못하는 이유가 이 때문이다. 하지만 그 잠깐의 고통은 감수할 만한 가치가 있다.

때때로 사람들은 더 나은 상대를 찾지 못할 거라거나, 새로운 누군가를 찾아 맨 처음부터 특별한 감정을 다시 쌓으려면 시간이 너무 오래 걸리고 힘들다고 생각해서 부적절한 관계에 안주하려 한다. 직관이 더 좋은 사람을 만날 자격이 있다고 알려주는데도 용감하게 행동으로 옮기지 못한다.

지금부터 당신이 유해한 관계를 맺고 있는지 아닌지를 알아보는 데 유용한 사례를 들려주겠다. 언젠가 어떤 부부가 자신들의 관계에 관해 내게 의견을 청한 적이 있었다. 부부에겐 문제가 있었고 그 때문에 둘은 관계를 그만 정리해야 할지 말지 갈등 중이었다. 나는 관계에서 취해야 할 행동을 알려주는 걸 좋아하지 않는다. 그 관계 속에 들어가 전체 그림을 볼 수 없기 때문이다. 누군가가 자신의 관계가 어떠어떠하다고 말해 주면 추정에 따른 생각을 말해 줄 순 있지만, 선택은 궁극적으로 당사자의 몫이다.

나는 초점을 돌려 두 사람의 딸이 같은 처지에 놓인다면 어떻게 조언해 주겠느냐고 물었다. 두 사람은 잠시 생각에 잠겼다. 나는 이미 간파하고 있었다. 사실, 두 사람은 어떻게 해야 할지를 속으로 알고 있었지만, 그 결정을 정당화하거나 입 밖으로 꺼내기 위해 내가 필요했던 것이다. 그 결정이 두려워서 회피하고 있었을 뿐이다. 하지만 내가 그렇게 묻자, 그들도 자신들이 이미 답을 알고 있음을 깨달았다.

부모라면 자연스럽게 자식에 대한 보호본능을 가지고 있다. 자식이 없는 사람이라도 이런 보호본능을 상상해 볼 수 있을 것이다. 부모는 자식을 끔찍이 아껴서 자식이 상처받거나 어떤 즐거움이든 잃는 것을 바라지 않기 마련이다. 이들은 나에게 조언을 구하기 전부터 본능적으로 이미 답을 알고 있었다. 나는 언제나 사람들에게 자신의 본능을 믿으라고 말한다. 본능은 조언을 속삭여 주는 자신의 영혼이기 때문이다.

**추론해 보지 않고도 답에 도달한 것 같은 감이 들면
그것이 당신의 본능임을 알아라.**

어떤 생각을 할 때 배 속에서 묘한 느낌이 사르르 오면, 나는 그것이 본능이라고 믿는다. 본능은 최고의 유도 시스템 중 하나다! 가장 지배적인 생각이라고 해도 그것이 꼭 직관의 소리인 것은 아니다. 그 생각이 두려움이나 열망에 뿌리를 두고 있을 가능성도 있기 때문이다. 직관은 차분한 느낌이며 마음을 안심시키는 적당한 거리감을 준다. 때때로 내면의 뭔가가 당신에게 주목하길 다그치는 느낌이 들기도 한다. 직관은 거의 물리적 느낌이다.

명심하자. 관계는 삶의 가치를 높여 주면서 대체로 좋은 진동을 일으켜 주어야 한다. 유해한 관계는 심리 건강만이 아니라, 심지어 신체 건강까지 상하게 만든다.

관계를 위한 관계에 매달리지 마라. 작별을 고해야 할 때가 되었다면 용기를 내서 실행에 옮겨라. 그 이별이 지금은 마음 아플지 몰라도 미래에 더 좋은 뭔가를 싹틔우는 씨앗이 되어 줄 것이다.

_____ 진정한 우정을 가려내기

어느 날 저녁에, 스스로 우울증과 낮은 자존감에 시달리고 있다고 진단 내린 한 십대에게 이메일을 받았다. 이 소녀는 삶에 만족감을 느끼지 못했다. 자신감도 없고 긍정적인 태도를 갖는 것도 아주 힘들어했다. 이런 소녀에게는 긍정성을 잃지 말라고 말해 줘 봐야 소용이 없다. 오히려 기분을 더 악화시킬 터였다.

소녀와 이야기를 나눠 보니 상황을 확실히 알 것 같았다. 친구들이 소녀에게 못생겼다, 멍청하다, 같이 다니기 창피하다는 등의 얘길 해대며 소녀의 머리에 불안감을 자극하는 생각을 잔뜩 집어넣은 상황이었다. 이 친구들은 소녀를 업신여겼고 이것이 소녀의 자아상에도 영향을 미쳤다.

누군가가 계속해서 당신을 존중해 주지 않거나 당신의 흠을 잡으면 차츰 그의 의견을 당신의 자아감에 통합시키게 될 가능성이 크다. 사실, 우리 머릿속의 생각 중에는 원래 우리 자신의 생각이 아닌 것들이 수두룩하다. 우리는 어린 시절에 '특정 인생행로에는 맞지 않다'는 식의 말을 들었을 수 있다. 그렇게 남들에게 들은 말들을 믿으며 자라다 보면 남들의 인식이 우리의 현실이 되고 만다. 우리의 전반적 삶은 사람들이 그냥 툭 던진 말들과 사회적 프로그래밍에 영향을 받는다.

때로는 다른 사람들과 어울리는 것이 이에 대한 가장 간단한

해결책이 되어 준다. 전부터 어울리던 주변 사람들을 변화시킬
수 없는 경우라면 특히 더 그렇다. 이 십대 소녀도 같이 어울리
던 친구들에게서 떨어져 나와 새 친구들을 사귀고 난 뒤로 삶에
자신감이 붙게 되었다.

교우관계를 단순화하라.
당신의 삶에 가치를 더해 주는 친구라면 계속 가까이하고
그렇지 않은 친구는 정리하라.
경우에 따라서는 많다고 다 좋은 것은 아니다.
적을수록 좋을 때도 있는 법이다.

사회적 인맥의 기반이 변하면서 친구friend의 의미도 달려졌
다. 더 이상 친구가 아주 잘 아는 사이를 가리키지 않는다. 인터
넷상의 가상 우정이 사회가 우정을 규정하는 방식에 영향을 미
쳐서 이제 우리는 아무나 친구라고 부른다. 심지어 밤에 놀러
나갔다가 한 번 만난 사람도 친구라고 한다.

이 중에 정말로 당신의 친구라고 할 만한 사람들이 몇이나 되
는가? 어려움에 처했을 때, 그 사람들에게 의지할 수 있는가?
안타깝게도 현대인들의 우정은 대다수가 정서적 지지나 가족
같은 정에 바탕을 두지 않는다. 그보다는 같이 술을 마시거나
담배를 피우거나 파티를 벌이거나 남말하기를 하는 상대로서

우정이 맺어지고, 그중엔 공교롭게도 당신의 진동을 떨어뜨릴 만한 습성의 우정도 더러 있다.

이런 유형의 우정은 단기적인 상호이득에 바탕을 두는 경우가 많다. 예를 들어 파티 같은 공개적 행사에 동반할 사람이 필요할 때만 당신의 삶에 적극적으로 끼어드는 친구들이 여기에 해당된다. 같이 헬스장에 다니는 사람을 친구로 여길 수는 있겠지만, 이사를 도와줄 사람이 필요할 때 과연 그 사람이 도움의 손길을 내밀어 줄까? 도와주겠다고 자진해서 나서 줄까? 이런 우정은 목적의 충족에 보탬이 되기 때문에 나쁠 건 없겠지만, 당신에게 도움의 손길이 필요해질 때는 금세 떨어져 나가기 십상이다. 언제든 당신 곁에서 힘이 되어 주길 기대할 수가 없다.

우리는 때때로 의미 있는 우정보다 피상적 우정을 더 많이 맺게 된다. 친구들이 당신에게 지지를 보여 주는지 아닌지를 잘 따져 봐라. 그 친구들은 당신이 승리를 거두면 박수를 보내 줄까? 긍정적인 행동을 취하도록 격려해 줄까? 당신이 한 사람으로서 성장하도록 힘이 되어 줄까? 그렇다는 확신이 들지 않는다면 그 우정은 당신의 생각만큼 당신에게 건전하지 않을 수도 있다.

어울리는 친구들에게서 당신을 향한 질투나 미움이 느껴진다면 당신은 적절한 사람들과 어울리고 있는 것이 아니다. 진정한 친구는 당신이 잘되길 바란다. 당신의 성공을 거들어 준다. 당신이 잘되어도 배 아파하지 않는다. 당신이 더 잘되도록 도와주고 당신이 배 아파하는 마음을 먹게 하지 않는다!

당신이 잘되길 바라지만, 너무 잘되길 바라지는 않는 친구들도 있다.
그저 그런 수준의 이런 우정 역시 우리의 삶에
부정적인 에너지를 채우게 되어 있으므로
안주할 만한 우정은 못 된다.

우리는 저마다 발전과 성숙의 속도가 다 다르다. 개중에는 답답한 상황에 그대로 매여 있길 택하는 바람에 발전 속도가 더뎌진 이들도 있다. 똑같은 무리와 어울려 똑같은 행동을 반복하며 똑같은 문제에 불평하며 살아가는 사람들이 종종 있다. 이런 사람들은 기를 쓰고 변화를 거부하며 더 나은 삶을 찾아 안전지대 밖으로 나서려 하지 않는다. 그러다 보면 불만족스러운 현실에 안주하게 된다.

당신이 바로 이런 경우에 해당될 수도 있고, 아니면 당신의 가까운 친구들이 여기에 포함될지도 모른다. 혹은 당신이 야심을 품고 마침내 더 나은 삶을 위해 용기를 낸 반면에 당신의 친구들은 그것을 이해하지 못할 수도 있고, 그러다 결국 서로의 주파수에 차이가 생기며 멀어지게 될지도 모른다. 예를 들어, 당신이 정신적 성장을 이루고 싶어 하게 되면서 친구들 입장에서는 완전히 낯설고, 심지어 겁나기까지 하는 개념에 관심을 갖게 될 수도 있다.

사실, 당신의 친구들은 모두 당신에게 삶에서 중요한 뭔가를 가르쳐 주기 마련이다. 모두가 어떤 역할을 맡고 있는 셈이다. 하지만 친구에 따라 그 역할이 일시적으로 그치기도 평생 이어지기도 한다. 남들보다 빨리 발전해서 삶을 정진시키는 것은 좋은 일이다. 언제나 당신 자신의 삶에 초점을 맞추면서 삶을 확장시켜 개인으로서 성장해야 한다. 진심으로 즐거움과 애정과 성취감을 느껴야만 전 세계 사람들에게 이로울 만한 위대한 일도 할 수 있다. 당신의 주변 사람들이 다른 경로를 선택하거나 당신의 입장과 그다지 맞지 않더라도 괜찮다. 그 사람들이 당신의 삶 속으로 들어올 운명이라면 조만간 당신의 삶 속으로 돌아올 테고, 그에 따라 당신이 걸어갈 여정도 다시 조율될 것이다.

_____ 가족과 바람직한 관계를 유지하기

크면서 옷, 취미, 직업, 친구들이 더 이상 맞지 않게 될 수도 있다.
심지어 가족도 여기에서 예외가 아니다.
우리의 즐거움과 삶의 질에 도움이 되지 않는
과거의 것들은 생겨나기 마련이다.

당신을 가장 위해 주는 사람이 꼭 가족이 아닐 수도 있다. 우리 대다수는 가족보다 중요한 것은 없다고 배웠다. 하지만 생물학적 관계라고 해서 반드시 차별 없는 지원을 해주거나, 사이가 가까운 것은 아니다. 친구들이 실제 가족보다 더 가족 같을 수도 있다. 때때로 다른 사람이 아닌 바로 가족이 삶에서 가장 유해한 사람이 되기도 한다는 사실을 간과해서는 안 된다.

가족에게 천대를 당하더라도 이 사람들이 대체로 우리에게 가장 중요한 사람들이라는 인식 때문에 이런 유해한 관계를 끝내기가 그 무엇보다 가슴 찢어지는 일이 될 수 있다. 가령 평생토록 부모가 당신을 위해 많은 것을 해주었다면 부모와의 절교를 정당화하기는 힘들다. 그러니 꼭 절교를 하지 않아도 된다. 소통을 나누며 부모에게 당신의 감정을 털어놓기만 해도 좋다. 자신이 다른 사람들에게 해로운 행동을 하고 있다는 사실을 인식하지 못하는 사람들이 놀라울 정도로 많다.

부모는 자신들이 당신에게 상처를 주고 있었다는 사실을 알게 되면 틀림없이 태도를 바꿀 것이다.

가족의 의도를 이해하려는 노력도 해보길 권한다. 대부분의 가족은 진심으로 우리를 위해 주려는 좋은 의도를 품고 있다. 따라서 그들이 자신의 관점에 따라 잘못된 생각이나 편협한 생각을 갖게 되는 바람에 때때로 부정적 태도로 우리를 대하는 것은 아닌지 고려해 보아야 한다.

내가 아는 한 친구는 추진해 보고 싶은 멋진 온라인 사업 아이디어를 부모에게 인정받길 기대했다. 그런데 실망스럽게도 부모의 반응은 기대했던 것과 달랐다. 친구의 부모는 아들의 아이디어를 비웃으며 단념시키려 했다. 그런 아이디어로 어떻게 돈을 벌겠냐며 이해해 주지 않았고 그만 꿈나라에서 나와 열심히 공부나 하면서 대학 진학을 위해 성적을 올리라고 했다.

친구는 자기 나름엔 기발한 아이디어라고 생각했는데 부모의 회의적인 반응에 풀이 죽었다. 그러는 것이 이번이 처음도 아니었다. 부모가 자신의 포부를 매번 깎아내리는 것 같았고, 그래서 부모가 자신을 부정적인 시각으로 대한다는 느낌마저 들었다. 친구는 부모를 사랑했기 때문에, 그리고 부모와 함께 살고 있었기 때문에 자신의 삶에서 부모를 배제하고 싶지 않았다. 하지만 때때로 부모가 자신을 사랑하지 않는 것처럼 느껴졌다.

그런데 친구가 간과했던 부분이 있었다. 친구의 부모는 비판적이긴 했지만, 이런 태도가 전적으로 부모의 잘못만은 아니었다. 실현 가능성과 성공의 기준에 대한 생각이 아들과 달랐던 탓이기도 했다. 그동안의 인생 경험과 사회적 길들여짐에 따라 틀 잡힌 자신들 나름의 신념이 아들의 인생관과 달랐던 것이다.

비판에도 불구하고 그 속에 깃든 사랑을 알아보기 위해서는 자신을 비롯한 모든 사람의 관점이 제한적이고 주관적이라는 사실을 이해해야 한다. 우리는 누구나 온갖 곳에서 끊임없이 정보를 수집하며, 우리가 배우는 모든 것은 우리의 신념이나 생각에 영향을 미친다. 단, 이런 영향은 우리가 어떤 정보를 선택하느냐에 따라 좌우되기도 한다.

가족들은 일반적인 인생행로에 익숙해져 있기 때문에 대학을 건너뛰고 온라인 사업을 시작하려는 자녀의 계획에서 성공의 가망을 발견하기 어려웠으리라. 가족들 입장에선 그런 일이 생소해서 대뜸 거부 반응을 보였을 수 있다. 사람들은 자신이 이해하지 못하는 것을 두려워하는 경향이 있다. 그러니 가족의 기본적 입장이나 냉소적인 태도의 근원적인 이유에 대해 이해하려는 노력을 해보기를 권한다.

대부분의 사람들은 자신이 수년 동안 믿어온 생각을 신념으로 삼는다. 하지만 당신의 세계관을 이유로 사람들이 자신의 신념을 버리길 기대해선 안 된다. 만일 누군가가 자신의 신념 때문에 주저하고 있다고 느껴질 경우 다른 관점을 제안해도 괜찮지만 당신의 신념을 다른 사람에게 강요해선 안 된다.

사람들에게 지지를 받고 싶다면 신뢰를 쌓아야 한다. 이것은 당신만이 아니라 누구에게나 다 해당되는 얘기다. 먼저 자신의 마음을 열기 위해 노력하라. 당신이 느끼는 감정을 솔직히 터놓고 얘기하라. 당신의 계획에 동참시키고, 상대와 다른 당신의 관점에 관해 더 자세히 설명해 주고, 계획이 실패할 경우의 상황에 대해서도 생각해 두었다며 안심시켜 줘라. 사람들이 더 신뢰를 갖도록 두려움을 최소화해 줄 필요가 있다. 신뢰감이 커지면 사람들이 당신에게 긍정적 지지를 보내 줄 가능성도 그만큼 높아진다.

내 친구는 부모에게 자신의 목표와 구체적인 계획을 꼼꼼히 설명하고 여러 성공 사례와 더불어, 가족들이 우상처럼 받드는 인물들의 가르침 중에서 자신의 관점을 뒷받침해 주는 내용까지 발췌해 덧붙여 얘기했다. 그런 식으로 부모가 견해를 바꾸도록 차근차근 유도했다.

이처럼 회의적인 상대를 설득하는 일은 당신 하기에 달려 있다. 당신이 선택한 그 경로를 가치 있게 만들기 위해 힘닿는 한 뭐든 다 하려는 의지를 보여 줘야 한다.

하고자 하는 일에 진지하게 임하고 있다는 걸
스스로 증명하지 못한다면
다른 사람들도 그 일을 진지하게 여겨 줄 수 없다.

솔선수범의 힘을 과소평가하지 마라. 주변 사람들이 편협한 생각 때문에 당신을 차갑게 대한다면 그런 불행한 관계에서 벗어날 수 있다는 것을 직접 보여 줘라. 마음을 열고 최선을 다해 사람들을 따뜻하게 대해라. 부당한 대접을 받을 땐 어떻게 행동하는 것이 바람직한지를 당신이 직접 보여 줘라. 그러면 당신의 신념과 결의에 자극받아 주변 사람들도 차츰차츰 변화 의지가 생길 것이다. 한 개인으로서 당신이 얼마나 훌륭한 사람이고, 또 당신처럼 되는 게 얼마나 뿌듯한 일인지를 알게 될지도 모른다.

때로는 단순히 관점을 바꾸어 우리에게 의심을 품는 사람들에게서 나타나는 긍정적인 면에 주목하는 것만으로도 서로의 관계를 더 기분 좋게 느낄 수 있다. 이 방법은 기를 꺾어 놓는 사람들과 한집에 살 때 특히 도움이 된다. 완전한 해결책이 되진 못하더라도 그 사람들의 좋은 면을 인정하며 상황이 개선될 때까지 어느 정도 거리를 두다 보면 치유가 촉진될 수 있다.

명심하자. 스스로 변화하고 싶어 하지 않는 이들을 변화시킬 도리는 없다. 영향을 미쳐 변화를 촉진시킬 수는 있어도 변하게 만들 수는 없다. 그리고 변하겠다는 마음을 먹기 위해선 동기가 있어야만 한다. 이를테면 더 나은 삶을 살고 싶다거나 당신과 더 사이좋게 지내고 싶다는 등의 동기가 필요하다. 그런데 자신의 생활 방식에서 문제점을 알아보지 못하면 변화하려는 동기는 생기지 않는다.

어떤 경우엔 가족 일원의 행동이 신체적으로나 정서적으로 상처를 가하는 식의 극단적 경향을 띠기도 한다. 우리는 다른 사람의 손에 ─혹은 말에─ 고통을 당하려고 이 지구별에 온 것이 아니다. 이것은 어떤 관계로 맺어진 사이이든 마찬가지다. 그리고 누군가의 해로운 행동에 대해 괜찮은 척하는 것 역시 그 자체로 해롭다. 해로운 행동이 지속되어서 어떤 사람과 연을 끊어야 한다면 미련 없이 끊어 내라.

＿＿＿ 다른 사람들 곁을 지키기

앞에서 얘기했지만, 좋은 기분을 느끼고 싶다면 당신보다 더 긍정적인 기분 상태에 있으면서 더 높은 진동을 발산하는 사람들과 어울리는 것이 좋다. 이것은 대체로 아주 좋은 해결책이지만, 당연히 진동이 더 높은 사람들에게도 약점이 있을 수 있다. 기분이 썩 좋지 않은 누군가의 곁에 있으면 자신의 감정 상태를 안정적으로 지키기 힘들 수도 있고 더 높은 진동을 찾으려 하는 사람과 함께 있으면 기운을 잃게 될 수도 있다.

가령 어떤 친구가 당신에게 자신의 고민을 시시콜콜 털어놓을 때, 갑자기 온몸으로 슬픔이 퍼지면서 앞서 말한 느낌이 들 수 있다. 슬픔은 쉽게 전염된다. 나도 대학 재학 시절에 아파트 룸메이트가 여자 친구에게 이별을 통보받고 헤어짐의 아픔을 겪으며 기분이 처져 있을 때, 이 교훈을 직접 깨달았다. 어느 날 저녁에 같이 친구들과 밖에 놀러 나갔을 때도 룸메이트는 이별로 마음이 뒤숭숭해서 일찍 집에 들어갔다. 그런데 친구를 상심에 잠기게 한 그 여자 친구가 자해를 암시하는 문자를 받고 너무 걱정이 되어 우리에게 잘 살펴봐 달라며 연락해 왔다.

친구들과 같이 아파트로 돌아가 보니 룸메이트가 방문을 잠근 채로 음악을 크게 틀어 놓고 있었다. 우리는 방문을 계속 두드렸지만, 룸메이트는 문을 열어 주지 않았다. 우리는 슬슬 겁이 나서 스페어 키를 가지고 있는 관리인을 불렀다.

문을 열고 들어갔더니 룸메이트가 침대에서 눈물을 줄줄 흘리며 몸을 잔뜩 웅크리고 누워 있었다. 더 가까이 다가가 친구의 손목을 보니 칼자국이 나 있었다. 아무래도 이 친구는 깊은 비관에 빠져 생을 끝내려 한 모양이었다. 그때 우리가 방에 들어가 친구의 절망에 제동을 걸어 주며 위로해 줄 수 있었으니 다행이지 정말 큰일 날 뻔했었다.

그 뒤로 며칠 동안 우리 아파트에는 아주 묘한 진동이 감돌았다. 모두가 불안정한 진동을 뿜어냈다. 목숨을 끊으려 했던 룸메이트는 그 일에 대해 별말이 없었지만, 나와 같이 있고 싶어 했다. 나는 룸메이트와 저녁 시간을 함께 보내며 룸메이트의 기분을 더 좋게 해주려고 격려를 해주고 조심스럽게 조언을 건네 보기도 했다.

하지만 얼마쯤 지나고 나자 나 자신도 기분이 평상시 같지 않다는 느낌이 들었다. 정말로 기분이 울적해져 갔다. 룸메이트 못지않게 나 자신을 챙기는 일도 중요할 것 같았다. 내가 텅 빈 기분 상태에 있으면 룸메이트의 기분을 좋게 해 주는 건 불가능하지 않을까 싶었다. 빈 물병으로는 아무 컵도 채울 수 없는 것처럼 말이다.

다른 누군가의 진동을 바로잡아 주려면 우선은
그 도중에 당신 자신의 진동이 약해지지 않도록 확실히 챙겨라.
당신 자신의 에너지부터 지켜라.

나는 한동안 어느 정도의 거리를 두며 룸메이트와 교류를 최소화했다. 그동안 마음속으로는 룸메이트의 곁에 더 많이 있어 주지 못하는 스스로를 자책했다. 내가 신과 같은 마음으로 그냥 포용해 줘야 할 것도 같았다. 하지만 나는 이미 마음이 너덜너덜해진 상태였고, 나 자신의 기분이 좋지 않으면 룸메이트를 제대로 격려해 줄 수 없을 터였다. 나 자신도 마음이 뒤숭숭한 마당에 위로를 해준다는 것이 위선적인 태도 같았다.

룸메이트는 괜찮게 지내는 것 같았고 그래서 약간은 마음의 평안도 생겼다. 마침내 나는 내 진동을 다시 끌어올렸고 덕분에 룸메이트의 곁을 더 잘 지켜줄 수 있었다.

이 일은 수년 전의 일이고 이후로 많은 변화를 겪었다. 그중

하나의 변화에 힘입어 이제 내 깨달음과 이해의 깊이는 훨씬 깊어졌다. 운이 좋게도 나는 수천 명의 사람들이 자신의 문제를 털어놓을 수 있는 위치에 이르렀다. 하지만 그동안의 깨우침 덕분에 이제는 다른 누군가의 진동이 아주 낮더라도 내 진동을 안정되게 지킬 수 있다. 다만, 예외의 경우도 있어서 내 에너지를 탈진시키거나 기꺼이 도와주려는 내 마음을 악용하려 드는 사람들에게서 내 에너지를 지키기 위해 여전히 조심하고 있다.

이제는 잘 알게 되었지만, 우선 내 감정 상태가 충분히 높지 않으면 저조한 기분에 빠진 누군가를 도와주려 애쓰다 내 감정에까지 심각한 영향을 받을 수도 있다.

사는 게 너무 힘들다고 푸념하는 사람의 얘길 들어주다 당신 자신의 기분이 그다지 좋지 않게 되면 에너지가 크게 탈진되어 버릴 수 있다. 귀담아 들어주는 것이 도움이 될진 모르지만 그러다 세상에 불행한 사람의 수가 더 늘어나면 어느 누구에게도 이롭지 않다.

이런 상황에서 가장 현명한 행동은 최대한 높은 진동을 발산하면서 당신의 상태를 먼저 변화시키는 것이다. 그것이 당신 자신의 진동을 지키는 방법이다. 그래야 다른 사람들을 도울 힘도 생긴다.

_____ 부정적인 사람들과 거리 두기

모든 사람이 당신을 이해하거나 인정해 주진 않을 것이다.

심지어 이해하려는 노력조차 하지 않는 사람도 있을 것이다.

또 당신의 에너지를 잘 받아들이려 하지 않는 사람도 있을 것이다.

이런 상황에 놓이더라도 평정을 지키면서 꿋꿋이 즐거움을 지향하라.

대다수 사람에게 아주 친절하거나 훌륭한 사람으로 통하는 사람이더라도 그 사람을 싫어하는 사람이 적어도 한 명은 있기 마련이다. 이는 세상 사람 누구에게나 거의 예외가 없다. 당신이 하루 종일 집에 틀어박혀 혼자 지내서 당신을 보거나 당신에게 얘길 걸거나 당신의 존재를 아는 사람이 아무도 없는 경우라면 아무도 당신에게 증오심을 드러내지 않을 테지만, 사람들과 관계를 맺게 되면 당신을 미워하는 사람도 자연스럽게 생기기 마련이다.

나는 이따금 좋은 일을 하고도 사람들에게 안 좋은 말을 듣는다. 내가 이런 일을 겪게 되는 한 이유는 이런 식의 악담이 온라인 전반에서 아주 흔하게 일어나기 때문이다. 익명성을 기반으로 활동하는 온라인상에서 사람들은 자기 말에 책임질 필요 없이 마음 놓고 악담을 하고 다닌다. 실제 삶에서는 입 밖에 내뱉을 꿈도 못 꿀 만한 그런 말을 댓글로 단다.

내가 기억하는 한, 내가 처음으로 조롱당했던 때는 다섯 살 때였다. 학교에 다니던 때였는데 반 수업 중에 부모님에 관해 얘기해야 하는 시간이 있었다. 우리 반 애들은 다들 엄마와 아빠 모두에 대해 얘기했다.

내 차례가 되었을 때, 나는 엄마 얘기만 하고 아빠 얘기는 하지 않았다. 그랬더니 다른 애들이 궁금해하며 아빠한테 무슨 일이 있느냐고 물어봤다. 난 어떻게 말해야 할지 몰라 쩔쩔맸고 다행히 선생님이 끼어들어 준 덕분에 상황을 모면할 수 있었다. 솔직히 나는 아이들에겐 두 명의 부모가 있어야 한다는 것도 몰랐다. 나에겐 예전부터 엄마만 있어서 그것이 이상한 일이 아니었다.

쉬는 시간이 되자 몇몇 애들이 나를 조롱해댔다.

"쟤는 아빠도 없대요."

"쟤네 아빠는 죽었나 봐."

"쟤는 엄마가 아빠야."

나는 화를 참지 못하고 폭력을 쓰고 말았다. 물론 폭력은 나쁜 것이지만, 당시에 왜 폭력을 쓰게 되었는지 선생님에게 말했는데도 크게 혼났던 기억이 난다. 내가 학교에 다니지 않았다면 그런 일은 겪지 않았을 것이다. 우리는 아주 어릴 때조차 타인을 증오하곤 한다. 이해와 공감의 부족 탓이다. 자신과 같지 않은 사람일수록 더 쉽게 별종 취급하며 조롱한다. 그리고 접하는 사람이 더 많을수록 비난과 악담을 들을 가능성도 커진다. 이는 정상에 대한 인식이 제각각인 수많은 사람들을 접하기 때문이다.

유명인을 생각해 보자. 유명인들은 인간일 뿐이지만 아주 많은 이들에게 영향을 미치기 때문에 엄청난 비난을 받는다. 우리는 타인에게 친절하게 대해야 한다고 말하면서 유명인들은 마치 인간이 아닌 것처럼 여기에서 예외로 친다. 안타깝게도 사람들은 복음 말씀을 받들면서도 그 말씀대로 행동하지 못한다. 성경의 거룩한 말씀을 읽고 암송하면서 거룩하지 못한 행동을 한다. 자신이 고결한 길을 따르고 있다고 믿으면서 자신과 똑같은 길을 따르지 않는 타인들을 비난하기도 한다.

명심하라. 타인으로부터 안 좋은 대접을 받는 일을 피할 수는 없다. 세상의 온갖 타인들을 접하며 그들과 끊임없이 교류하는 만큼, 경우에 따라 낮은 진동을 발산하며 우리를 불친절하게 대하는 사람들을 마주할 수밖에 없다.

그런 사람들을 피하기 위해 할 수 있는 일이 거의 없을 때는 거리를 두려고 노력하기조차 만만찮은 일이 될 수 있다. 사람들이 당신에 대해 안 좋은 말을 할 때, 다음과 같은 의미심장한 말을 떠올리면 마음의 평온함을 지키는 데 도움이 된다. 당신도 어느 순간이 오면 침묵과 즐거움이 최선의 방어임을 깨닫게 될 것이다.

> **"내가 허락하지 않으면**
>
> **아무도 나에게 상처를 입히지 못한다."**
>
> – 마하트마 간디

혼자만 불행해지기 싫은 사람들

안타까운 노릇이지만, 낮은 주파수로 진동하는 사람들은 대체로 남들을 자신과 같은 주파수로 끌어내리고 싶어 한다. 때로는 당신의 문제점을 들추어내려 드는데 그것은 당신의 괜찮은 면에 대해선 자신이 어떻게 하지 못하기 때문이다. 대개는 남들이 당신에게 애정을 보이거나 관심을 기울이면 당신의 그런 면을 시기하고 남들이 당신을 미워하게 만들고 싶어 한다. 자신이 애를 써도 여전히 사람들이 당신을 좋아하면 더 분개할지도 모른다.

인터넷에는 자신이 저기압일 때, 다른 사람들이 조롱당하고 깎아내려지는 것을 보며 즐거워하는 사람들이 수두룩하다. 이런 사람들은 부정적 억측에 금세 수긍하고 잘 안 된 이들의 얘기에 신나 한다. 이처럼 남들의 몰락에 신나 하는 문화적 중독으로 인해, 실수를 저지르거나 어려운 상황에 몰린 사람들이 빠르게 화젯거리로 떠오른다.

남이 잘되는 걸 싫어하는 사람들

당신이 목소리를 높이면 으레 누군가가 당신의 목소리를 낮추려 한다. 당신이 반짝반짝 빛을 발하면 으레 누군가가 당신의 빛을 흐려지게 하려 한다. 한마디로 말해 당신이 다른 사람들 사이에서 돋보이면 이유도 없이 당신을 미워하는 사람도 생긴다.

이런 혐오자들은 대체로 위대해지기 위해 힘쓰는 우리의 자신감 있는 태도에 위협이나 질투를 느끼거나 비위가 상하는 사람들이다. 우리의 성공이 자신의 성공을 저해할 것이라고 느끼거나 자신의 자리를 우리에게 빼앗길까 봐 두려워하는 것일 수도 있고 자신도 찬사받길 간절히 바라는데 우리가 자신감을 발휘해 칭송을 받고 있다는 생각이 들어 싫어하는 감정이 생겼을지도 모른다. 자신은 길들여진 의식에 신념을 구속받아 변화의 엄두도 내지 못하는데 우리가 자유롭게 신념을 펼치는 것을 보며 기분이 상한 것일 수도 있다.

이런 사람들은 자신의 에고가 빛을 잃는 기분을 느끼지 않기 위해 우리의 의지와 의욕을 꺾어 놓으려 한다. 우리를 깎아내리면 스스로가 아주 하찮게 느껴지지는 않을 거라고 믿는다. 이런 사람들이 정말로 있으며, 더 위대한 삶으로 향하는 우리의 여정 중에 그 모습을 드러내기 마련이다. 이런 이들의 존재를 부정해선 안 되지만 이들에게 반응해서도 안 된다. 반응이야말로 이런 사람들이 우리의 기분을 떨어뜨리고 자신의 에고를 지키기 위해 바라는 바이기 때문이다.

자신이 상처받은 만큼 타인도 상처받길 바라는 사람들

외부 세계에 대한 행동 방식은 그 사람의 내면세계의 상태를 분명히 드러내 준다. 가령 누군가가 당신에게 열등감을 느끼게 하려고 시도할 때, 그 사람이 그렇게 행동하는 이유는 그 스스로가 열등감을 느끼고 있기 때문이다. 이 점을 이해하고 있으면 그와 같은 상황을 더 잘 처리하는 데 도움이 된다.

예를 들어, 슬픔은 사람을 쌀쌀하고 매몰차게 행동하도록 만든다. 아픔과 내면의 고통은 우리를 낮은 진동 상태로 끌어내린다. 슬픔은 상처의 도미노 효과를 일으키기도 한다. 실제로 사람들은 기분이 좋지 않은 다른 누군가에게 상처를 받아 기분이 좋지 않을 때가 너무나 많다. 이렇게 다른 누군가에게 상처 입은 사람은 또 다른 사람에게 상처를 입히면서 상처 입히기가 도미노처럼 반복된다.

하지만 다른 사람에게 상처를 가함으로써 고통을 치유하려 해봐야 효과가 없다. 인도의 정신적 지도자 오쇼는 이런 시도를 벽치기에 비유한 바 있다. 오쇼의 견해에 따르면 고통을 덜기 위해 남들을 공격하는 것은 화가 나서 벽에다 화풀이를 하며 벽을 부수려 하는 것과 같다. 그 벽을 딱히 특정해서 공격하는 것도 아니고 그 벽에 문제가 있는 것도 아니다. 문제는 그 사람에게 있다. 결국 그 사람은 더 상처만 입고 만다. 벽이 그 사람에게 상처를 가한 것이 아닌데도 말이다.

차이에 대한 반감

사람들은 어쩐지 자신과 비슷한 사람에게 마음이 끌리는 경향이 있다. 또한 신경언어 프로그래밍NLP, neuro-linguistic programming 기법인 미러링mirroring을 통해서도 증명되고 있다시피, 어떤 사람의 행동을 따라 하면 그 사람이 당신을 좋아하도록 자극하게 된다.

따라서 당신이 목소리가 크고 쾌활하고 생기 넘치는 편이라면 비슷한 사람과 마주칠 경우 아마도 그 사람이 아주 멋진 사람이라는 인상을 받게 될 것이다. 게다가 그 사람의 말투, 신체언어, 어조가 당신과 비슷하면 이런 생각이 들 수도 있다. '이 사람한테는 어쩐지 호감이 가는걸.' 그 사람이 당신과 비슷하기 때문이다.

이런 현상은 그 반대의 경우에도 마찬가지여서, 사람들은 자신과 다른 사람에게는 대체로 호감을 느끼지 않는다. 그리고 당신과 다른 누군가는 당신을 보며 좀 이상하거나 '별난' 사람이라는 인상을 받을 수 있다. 궁극적으로 따지자면, 그 사람은 당신의 에너지가 자신의 에너지와 조화되지 않기 때문에 당신을 이해하려 들지 않거나, 이해하고 싶어 하지 않는 것이다.

뿌린 대로 거둔다.

'카르마(업보)'라는 말을 어디선가 들어 봤을 것이다. 많은 사람들이 이 말에 불편함을 느낀다. -특히 불교와 힌두교에서 언급되는- 신학적 개념인 이 '업보'가 윤회와 연관되어 있기 때문이다. 업보는 당신의 행동이 다음 생에 여파를 미치게 된다는 믿음에 기반한 개념이다. 즉, 업보와 윤회의 세계관에서는 이번 생에서 선행을 많이 행할수록 다음 생이 더 좋아진다고 본다.

윤회를 믿든 안 믿든, 우리 대다수는 뿌린 대로 거둔다는 개념을 수용한다. 이런 개념은 과학의 측면에서 따지자면 '인과관계'나 '모든 행동에는 작용과 반작용이 있다'는 뉴턴의 제3법칙과 연관 지어 볼 만하다. 그리고 대다수의 경전에도 '주는 대로 받는 법'이라는 개념과 관련된 문헌이 있다.

하지만 우리는 사람들이 부당하게 대할 때, 그 사람들에게 업보의 처벌이 따르게 될 것이라고 여기며 편안한 마음으로 그냥 우리 삶을 이어가는 경우가 좀처럼 없다. 오히려 감정에 사로잡혀서 이성적 의식은 뒷전으로 밀려나 버린다.

예를 들어, 아무리 봐도 그런 성격이 아닌데 당신의 성격이 난폭하다고 말하고 다니는 사람이 있다면 당신은 불쾌감을 느끼게 될 것이다. 그 사람이 자꾸만 그러고 다니면 속에 화가 쌓일 만도 하다. 그러다 어느 날 그런 험담이 지긋지긋해져서 그만 난폭하게 행동할 수도 있다. 그러면 소문이 사실이 아닌데도 이제 당신의 그 행동으로 인해 정말로 소문이 사실인 것처럼 보이게 된다.

앞에서도 배웠다시피 분노 같은 낮은 진동 상태에서 충동질된 행동은 우리에게 더 큰 상처만 입힐 뿐이며, 이때 입게 되는 상처에는 그 행동으로 유발될 안 좋은 업보도 포함된다. 그러니 남들의 잔인함이 당신의 미래를 결정 짓게 하지 마라.

외롭고 따분한 사람들은 관심을 갈망한다.

삶이 재미없을 때는 다른 사람들에게 주의가 쏠리는 경향이 있다. 다른 사람들을 미워하며 반응을 보이도록 부추기면서 재미를 느끼고 관심을 끌려 한다. 인터넷에서 밈(meme, 특정 콘텐츠를 대중이 따라 하고 놀이로 즐기는 현상-옮긴이)이 굉장한 인기를 끄는 이유가 여기에 있다. 사람들은 누군가를 놀리면서 다른 사람들을 웃기고 싶어 한다. 그것도 좋아요, 댓글, 공유를 유도하기 위해, 즉 즉각적 만족감을 얻기 위해 그렇게 한다. 그러면 잠깐 동안은 기분이 좋아지고 자신이 뭔가 가치 있는 일을 하고 있다고 느껴질 것이다. 바로 이 대목과 관련해서 마지막으로 다음을 강조하고 싶다.

사람들이 당신에 대해 하는 말은 당신보다는 그 사람들 자신에 대해 더 많은 것을 알려준다.

누군가 당신을 흉볼 때, 그 사람은 자신을 드러내는 셈이다. 그들은 자신의 불안감, 욕구, 사고방식, 태도, 내력, 한계 등을 드러내게 된다. 그리고 그 행동은 그들 스스로의 미래 모습을 확실히 그려 보이는 셈이다. 자신의 소중한 시간을 남들의 흠을 잡는 데나 허비하는 이들이 큰 진전을 이루거나 즐거운 삶을 살지는 못할 테니 그 미래는 뻔하다.

_____ 모든 사람을 만족시키려는 노력은 무의미하다

끊임없이 남들을 만족시키려 노력해 봐야 헛수고다.
결국엔 남들도 당신 자신도 만족시키지 못한다.

부디 지금쯤은 확실히 알았길 바라며 다시 한번 강조한다. 우리는 인정받기 위해 많은 노력을 하지만 삶에서 성공하고 평온함을 지키고 싶다면 조금은 이기적이 되어야 한다. 모든 사람을 다 만족시킬 수는 없으며, 따라서 그런 시도조차 해서는 안 된다. 사람들을 만족시키려 자꾸 주위 눈치를 살피는 습관을 버리고 이제부터는 당신을 만족시키는 데 집중하라!

나는 개인적 문제가 있는 사람들을 도와주길 좋아하는 사람이다 보니 예나 지금이나 모두를 행복하게 해주려는 노력을 그만두기가 힘들다. 예전에는 자신의 문제를 털어놓으며 도움을 청하는 이메일을 일주일에 수백 통씩 받았다. 당연히, 나는 그 사람들을 도와주고 싶어 했다.

2천 단어가 넘는 아주 장문의 이메일을 보내오는 사람들도 있었다. 나는 건성으로 일하는 것을 좋아하지 않는 사람이라 언제나 세심하게 답글을 작성했다. 그래서 장문의 이메일 한 통을 읽고 답장을 보내는 데 아주 많은 시간이 소모되기 일쑤였다.

모든 사람에게 답장을 해주는 것은 사실상 불가능한 일이었고 답신을 받지 못한 이들 중에는 내가 자신을 무시한다며 격분하는 사람도 더러 있었다. 그러면 나는 기분이 안 좋아졌고 자책하게 되었다. 끝내야 할, 보다 긴급한 일이 있었는데도 이런 이메일에 일일이 답장을 하며 터무니없을 만큼 많은 시간을 바쳤다.

그러다 마침내 감당하기 힘들어졌을 때에서야 깨달았다. 모든 사람을 만족시킬 수는 없으니 그러려는 시도를 해서도, 나 자신에게 너무 엄하게 굴어서도 안 된다는 걸 말이다. 내 욕구를 우선시해야 할 필요가 있었고 그래서 그렇게 했다. 절대로 뒤돌아보지 않았다.

지금부터는 아주 비판적인 분위기의 공동체에서 자랐던 내 성장담을 들려주려 하는데, 확실히 어떤 면에선 당신에게도 남 얘기 같지 않게 들릴 것이다. 어린 시절에 나는 특정 직업을 선택하는 게 좋다고 믿도록 유도되었다. 의사가 되면 똑똑하고 부유하고 박애주의적인 사람으로 인정받을 거라는 식의 유도였다. 하지만 내가 자란 공동체에서는 내가 의사가 되었어도 내 흠을 잡았을 것이다.

예를 들어, 내가 일에 빠져 사느라 나이 서른이 되도록 결혼도 하지 않고 혼자 살았다면 그것이 나의 흠집 거리가 되었을 테고, 집 없이 살았다면 내가 경제력에 문제가 있다고 여겼으리라. 또 내가 의사가 되어 모든 것을 갖추었는데 아이가 없었다면 나에게 불임 문제가 있는 게 틀림없다며 수군거렸을지 모른다. 이것이 비판적 분위기가 팽배한 공동체의 생리다. 어떤 경우든 누군가가 내 흠집 거리를 찾아내었으리라.

때때로 나는 남들의 의견을 그다지 진지하게 들어주지 않는다며 오만하거나 고집불통이라는 욕을 먹기도 한다. 사람들이 이런 식의 결론을 내리게 만드는 근원은 흠잡기 좋아하는 기질이다. 건설적 의견은 우리의 발전에 도움이 될 수 있지만, 우리의 사기를 꺾는 파괴적 의견은 긍정적인 의도가 없는 말이다. '피드백'의 가면을 쓴 독설과 악담에는 관심을 기울일 가치도 없다.

_____ 좋은 진동으로 스스로를 보호하기

**일부 부정적인 사람들은 긍정성에 알레르기 반응을 보인다.
그러니 아주 긍정성을 취해 그런 사람들이
당신과 가까이 있는 걸 못 견디게 하라.**

더 낙관적인 태도로 살기 위해 힘쓰기 시작한 이후로 나는 건전하지 않은 습관들을 버리고 최대한 긍정성을 포용했다. 그러고 나자 나와 어울리는 사람들 중 몇몇이 이런 긍정적인 태도를 싫어한다는 느낌이 감지되었다. 이들은 이전의 내 행동을 더 좋아했다. 내가 이전처럼 불평을 늘어놓고 사납게 굴고 비판을 좋아하길 바랐다.

그들은 내 태도를 너무 긍정적인 것 아니냐는 듯 바라봤다. 몇몇은 내가 허세를 떤다고 여기기까지 했다. 나는 그러는 이유를 잘 알았다. 불평을 늘어놓던 사람이 좋은 면을 보려 의식적으로 애쓰는 사람이 되었으니 그럴 만도 했다. 나는 그들과 정서적으로 다른 주파수로 옮겨가 있었다.

당신이 다른 사람과 정서적으로 멀어질수록 그 사람에게는 당신이 더 가짜 같이 보인다. 이것은 진동의 법칙에 따른 현상이다. 이런 정서적 거리는 두 사람 모두가 서로 어울리는 것에 불편함을 느끼게 하는데, 이는 두 사람의 진동이 다르기 때문이다. 때때로 이런 불편한 느낌은 당신이 거리를 두어야 할 사람이 누구인지를 알려주는 훌륭한 지표가 된다.

새롭게 바뀐 나의 긍정적 태도는 확실히 특정 사람들을 멀리 밀어내 주었다. 나는 누군가가 무례하게 대하면 친절하게 응수하고 그런 사람이 벼르고 있는 싸움에 휘말리지 않았다. 그렇게 하자 그런 류의 사람들이 알아서 쫓기듯 떠나갔다. 그들로선 내가 보인 반응에 어떻게 대응해야 할지 몰랐기 때문이다. 해보니 아주 좋았다. 그런 사람들은 나보다 훨씬 낮은 주파수를 발산하면서도 주파수를 높이는 데는 관심도 없이 자신의 냉소적 태도에 안주하고 있었다. 나와 에너지가 서로 통하지 않았기에 그들은 내 생활반경을 피해 갔다. 그렇게 알아서 거리를 벌려 주었기 때문에 내가 직접 나서서 거리를 둘 필요가 없었다.

_____ 자신에게 유해한 직장에 과감히 사표를 던져라

믿거나 말거나, 당신의 목적은
남은 평생 동안 싫어하는 직장에 다니지 않는 것이다.

만약 어떤 골목길이 살해 현장으로 유명한 곳이라는 걸 알고 있다면 당신은 그 길을 피해 가는 쪽을 선택할 것이다. 당신의 정신 상태가 어떠하든 간에, 그 골목길로 들어섰다간 끔찍한 일이 일어날 위험이 있음을 의식할 수 있기 때문이다.

덜 극단적인 예로, 툭하면 당신에게 언어 폭행을 가하는 누군가도 참석할 예정인 생일 파티에 초대되었다고 가정해 보자. 이경우에 당신은 그 생일 파티에 가지 않고 내면의 평화를 지키는 쪽을 선택할 수 있다. 가 봐야 극성떠는 상황만 연출될 것이 뻔하니 말이다.

하지만 이와 유사하지만 피하기가 훨씬 더 힘든 상황들도 있다. 그중 가장 흔한 환경이 바로 일터다. 일터에 자신의 삶을 불행하게 만드는 사람들이 있어도 집에만 틀어박혀 아무것도 하지 않고 지낼 수가 없어 그만두지 못하는 이들이 많다.

앞서 언급했던 사무직 근무 당시, 그 신임 관리자와 일하면서 나도 그런 감정을 경험했다. 하지만 이제 와 그때를 돌이켜보면 그것이 전적으로 그의 행동 탓만은 아니었다는 생각이 든다. 그도 자신의 삶이 있었고 보고를 올려야 하는 상사들로부터 나름대로 압박을 받는 입장에 있었다. 그리고 나도 내가 맡은 일이 즐겁지가 않아서 열의 없이 일했으니 아주 우수한 직원은 아니었다.

당시에 나는 꽤 괜찮은 직업을 가진 것에 감사했지만, 회사를 그만두고 내 열정을 따라야 한다는 암시를 사방에서 받고 있었다. 세상에 긍정성을 전파하며 사람들이 더 나은 삶을 살도록 도와주고 싶어 하는 내 바람이 자각되었다. 그래서 결국 나는 대담하고 용기 있는 조치를 취했다. 직장을 그만두고 미지의 세계로 뛰어들기로 결정했다.

이는 엄청난 위험을 무릅쓰는 결정이었다. 모아 놓은 돈이 별로 없었기에 퇴사 이후 경제적 안정은 장담하지 못했다. 나의 이런 결정을 두고 정말 대담하고 용감했다고 말할 사람도 있을 테고, 순진한 발상이었다고 여기는 사람도 있을 것이다. 하지만 퇴사 후에 나는 매일 눈을 뜰 때마다 북받치는 감사함을 느꼈다. 경제적 부담을 좀 떠안긴 했지만 돈으로는 살 수 없는 평온감을 찾았다. 나는 내 열정을 따라 라이프스타일 블로그를 시작했고 자기계발 글을 공유하며 하루하루 감사함 속에 살았다.

지금까지도 스스로의 결정을 후회한 적이 없다. 오히려 새로운 시작을 하기 전까지 맞았던 온갖 어려움들에도 감사하다. 예를 들어 잘 맞지 않는 일자리에서 일하며 받은 상처는 지혜를 깨달으며 큰마음을 먹을 계기가 되었고 그 덕분에 나 자신이나 다른 사람들이 더 나은 삶을 살게 해주는 일을 할 수 있게 되었다.

안타깝게도 해로운 일터에 꼼짝없이 붙잡혀 있는 사람들이 여전히 아주 많은데, 이런 일터는 사람을 해로운 정신 상태로 밀어 넣으면서 삶의 질을 크게 해친다. 성취감을 주지 못 하는 일이라 해도 막상 그만두려면 겁이 나기 마련이다. '이제 그만 하자'는 마음으로 행동에 나서려 하면 경제적 의무가 발목을 잡는다.

우리는 누구나 안정과 안락함을 갈망하며 미지의 세계로 들어서는 일에 두려움을 느낀다. 하지만 직장에 다닌다고 해서 생활의 안정이 보장되는 것도 아니다. 잘리지 않고 계속 그 직장에 다니게 된다 해도 당신의 월급, 급여 인상, 승진 등 직장과 관련된 모든 사항은 당신의 통제권 밖에 있다.

당신이 지금 빠져나오지 못하고 갇혀 있는 그 유독한 상황보다 더 나은 상황을 누릴 자격이 있다고 인정했다면 용기를 내서 행동에 나서라. 서두를 필요는 없지만, 해로운 상황에 머무는 시간이 길어질수록 당신 자신의 삶은 더 망가지게 마련이다.

PART 4

있는 그대로의 자신을 받아들이기

Accepting Yourself

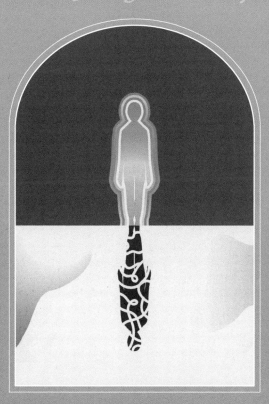

당신은 다른 사람들에게 언제나 항상 중요한 사람이 되지는 못하며

그런 이유로 당신 자신에게 중요한 사람이 되어야 한다.

당신 자신과 어울리는 것을 즐길 줄 알아야 한다.

당신 자신을 챙겨 줘라. 긍정적인 혼잣말이 나오도록 기를 살려줘라,

그리고 당신 스스로가 당신의 지지망이 되어 줘라.

당신의 욕구는 중요하니 앞으로는 스스로 그 욕구를 충족시켜라.

남들에게 의존하지 마라.

언젠가 어떤 사람이 이렇게 물은 적이 있다. "내가 당신한테 사랑하는 모든 것을 말해 달라고 부탁하면 다 말하는 데 얼마나 걸릴 것 같나요?"

이 질문은 우리 대다수가 자기사랑을 등한시한다는 사실을

상기시킨다. 자기사랑의 등한시는 우리 사회 내에서 흔한 어떤 문제에 따른 결과다. 다시 말해, 우리가 우리 자신을 어떻게 생각하느냐보다 남들이 우리를 어떻게 생각하느냐에 더 관심을 갖도록 길들여진 탓이다.

다른 사람들과 잘 소통할 줄 알고 다른 사람들에게 호감을 얻으면 목표를 성취하는 데 도움이 되긴 한다. 하지만 그보다 먼저 더 심오한 차원의 다음 문제부터 다루어야 한다. "당신은 당신 자신을 좋아하는가?"

우리는 남들이 우리를 어떻게 생각하는지에 신경을 쓰되 우리가 우리 자신을 어떻게 생각하는지에는 관심을 두지 않도록 배운다. 물론 재능을 인정받거나, 노력을 보상받거나, 이루어낸 성취에 찬사를 받거나, 외모를 칭찬받으면 기분이 좋다. 이런 순간에 우리는 존재를 정당화시킨다. 우쭐해진다. 사랑받는다고 느낀다. 자신이 중요한 사람으로 느껴진다. 삶이 기분 좋아진다.

하지만 그런 사회에서 우리는 우리의 가치를 증명하기 위해 끊임없이 남들을 만족시켜야 하는 영구적 임무에서 벗어날 수 없다. 우리의 삶의 질에는 별 관심도 없는 사람들에게 잘 보이려고 필요도 없는 물건을 사면서 경제적 압박을 자초한다. 자기 자신이 되어 세상을 변화시키기보다 세상에 끼워 맞추기 위해 자신을 변화시키는 셈이다. 사회의 기대에 맞추기 위해 자신의 타고난 장점을 바꾼다. 해도 해도 끝이 없는 외부적 목적을 위해 애쓰느라 자신의 정신적 성장을 등한시한다.

사랑과 친절함의 힘은 엄청나서 남들에게 사랑과 친절을 베풀면 세상을 변화시킬 수 있다. 하지만 우리 자신에게도 사랑과 친절을 보여야 한다. 있는 그대로의 자신을 변화시키려 애쓸 게 아니라 당신 자신에 대해 기분 좋게 느낄 여지를 주어라. 당신 자신의 세계를 변화시키는 일은 주변 세상을 변화시키기 위해 필요한 기량을 갈고닦는 것과 다름없다.

아주 흔한 일이지만, 자신에게 받아 마땅한 친절과 존중을 보여 주지 않으면 정서가 불안정해지고 결국엔 우리 자신의 자신감, 태도, 건강도 해치게 된다. 이렇게 되면 다른 사람들에게 마음처럼 애정 표현을 잘 못 하게 되고, 그것은 우리가 받는 애정 표현에도 영향을 미친다. 사람들은 자기 스스로를 기꺼이 포용하는 사람에게 흥미를 느끼고 그들과 함께 어울리길 좋아하는 경향이 있다. 따라서 자기사랑은 탄탄한 관계를 쌓는 데 꼭 필요한 요소다.

한 예로 키라라는 이름의 젊은 여성 얘기를 해보자. 자기사랑이 부족한 키라는 파트너인 트로이와의 관계에서 위태로운 징후를 보이고 있다. 자신이 트로이가 알고 지내는 다른 여자들에 비해 못생겼다는 생각이 그 화근이었다. 이런 생각 때문에 트로이의 휴대폰을 뒤지며 사적인 메시지를 읽는 등으로, 트로이의 관점에서 보면 자신에 대한 존중과 신뢰가 없는 것처럼 느껴지는 행동을 하고 있다. 두 사람이 서로를 사랑하는 마음이 진심이든 아니든 간에 두 사람의 관계는 키라의 자기사랑 결핍 탓에 손상되고 만다. 키라의 행동은 트로이의 삶의 질을 해치기 시작하고 어느 순간부터 트로이는 키라의 행동을 자신을 진심으로 사랑하지 않는다는 암시로 여기며 자존감까지 상하게 된다. 두 사람의 관계는 갈수록 악화되다가 결국 끝나고 만다.

당신 자신을 있는 그대로 받아들이면 당신 자신의 삶의 질과 즐거움을 중요시하게 될 뿐만 아니라 모든 사람이 다 당신을 있는 그대로 받아들여 주는 건 아니라는 생각도 편하게 수용된다. 스스로의 가치를 알게 되었기 때문에 남들이 당신의 가치를 알아주지 않아도 신경 쓰지 않는다. 다시 말해, 당신의 가치를 알아주지 않는 사람들이 왜 그러는지를 납득하게 된다. 자기 자신을 잘 받아들이지 못하다 보니 그렇게 남들의 단점을 찾는 데 급급해하는 것임을 알게 된다.

이 대목에서 맨 앞에서 했던 이야기를 다시 한번 강조하게 된다. 자신을 무조건적으로 사랑하는 일은 정말로 중요하다. '자기사랑'을 살펴본 초반부의 개념들을 참고하면 지금 그대로의 당신의 가치를 믿어야 당신의 삶에 의미 있는 변화를 일으킬 수 있는 이유를 더 정확히 의식하고 이해하게 될 것이다. 이런 개인적 성장의 여정을 따르면, 자기사랑은 결국 자기수용으로 이끌어져 당신의 세계에 즐거운 경험이 가득하도록 만들리라.

_____ 자신의 신체적 매력을 소중히 여겨라

외모의 문제에 관한 한 당신 자신을 소중히 여기는 편이 좋다. 언제나 자신의 외모를 편하게 느껴야 하며, 자신의 몸을 돌보는 건강에 좋은 습관을 가져야 한다. 어쨌든 당신에게 몸이 있다는 사실은 대단한 의미다. 그 자체로 자연의 경이를 반영하는 것이지 않은가.

당신이 신을 믿든 안 믿든 간에, 세상이 창조되었을 당시엔 인류가 신체적 미를 평가하는 데 도움으로 삼을 만한 법칙이나 지침이 주어지지 않았다. 이런 평가 개념은 우리가 만들어 낸 것이고 오늘날에 이르러서는 주류 미디어를 통해 조정되고 조작되는 경우가 비일비재하다.

당신 자신만의 매력을 알아볼 수 있으려면 자기사랑을 실천해야만 하지만, 솔직히 말해서 자기사랑의 실천은 힘들다. 요즘엔 미디어 플랫폼이 우리의 불안감을 이용하는 탓에 자신을 남들과 비교하지 않고 살기가 어렵다. 우리는 통념적 관점에서의 매력적인 신체를 가진 사람들을 보여 주는 이미지에 폭격당한다. 물론 이런 이미지의 대다수가 실제가 아니라는 것을 잘 안다. 어떤 아이디어나 상품이나 꿈을 팔기 위해 보정 및 수정 처리된 이미지라는 걸 알면서도 이 사실을 쉽게 잊어버려서, 그런 이미지를 보면 금세 자신감의 문제가 불거진다.

우리는 일상 속에서 주입된 '완벽한 몸'과 비교해서 우리 몸의 단점을 규정한다. 우리는 아름다움의 기준에 대해 끊임없이 들으며 살아가고 있기 때문에 이런 기준에 의문을 갖지 않으면 이런 메시지들이 우리 머릿속에 아름다움의 의미에 대한 잠재의식적 개념을 심어 놓는다. 통속적 미의 개념에 맞지 않는 것은 뭐든 단점으로 여기면서 흠잡길 좋아하게 되고 언제나 신체적 아름다움을 이런 기준과 비교해서 평가한다. 이는 우리가 남들을 인식하는 방식만이 아니라 우리 자신을 인식하는 방식에까지 영향을 미친다.

사회적으로 구축된 미의 개념에 따라
당신의 자존감을 떨어뜨리지 마라.
미에는 규칙 같은 건 없다.
당신 자신을 있는 그대로 받아들이고 사랑해라.
당신의 결점을 수용하면서 당신 자신의 외모에 편안해져라.
당신의 그런 불완전함을 유행 타지 않는
개성 있는 외모로 받아들여라.

나는 내가 하는 일을 통해 운이 좋게도 수많은 젊은이들과 인연을 맺어 왔다. 그중엔 온라인상에서 많은 팔로워를 거느린 사람들도 있고 그냥 전형적인 십대들도 있었다. 나는 유명인 중한 명과 아주 가까워지게 되었는데 안타깝게도 알고 보니 그녀는 갑작스럽게 유명세를 탄 탓에 많은 미움을 받게 된 상태였다. SNS에 꾸미지 않은 자연스러운 모습을 찍은 사진들을 게시했다가 못생겼다는 빈축을 사게 되었단다. 그녀는 흠 잡히고 조롱받는 상황적인 압박에 못 이겨 자신의 대중적 이미지를 지키기 위해 성형수술을 받기까지 했다.

하지만 그 뒤에도 여전히 미움을 받았다. 처음엔 그녀가 사회적 기준에 따른 완벽한 미인이 아니라서 비난받았는데 이번엔 그런 외모를 고치려 했다는 이유로 비난받았다. 이 사례에서도 확실히 드러나듯, 모든 사람을 만족시킬 수는 없는 법이다.

나는 바로 이 공인을 흠모하는 어떤 젊은 여성과도 얘길 해봤는데 그녀는 자신의 신체적 외모를 자신의 우상과 비교하는 탓에 자주 불안감을 느낀다고 인정했다. 심지어 다른 사람들에게 상냥하지 못한 태도를 취하기도 한다고 했다. 그저 자신이 좋아하는 우상만큼 예쁘지 않다는 이유만으로 다른 공인들의 외모에 대해 안 좋은 말을 서슴없이 내뱉었다. 나는 바로 그런 류의 말들이 그녀가 좋아하는 아이돌이 성형수술에 의존하게 된 이유라고 지적해 주었다.

인터넷 공간에서 부정성의 문화가 소용돌이치면서 이런 부정성이 심지어 우리 자신이 대놓고 좋아하는 우상들에게까지 되

뛰고 있다. 한 사람을 다른 사람과 견주며 끊임없이 비교하게
되면 부정적이고 무정한 생각의 그물 속으로 내몰리게 된다.

　신체적 미에 대한 사회의 이상이 당신의 존재감을 폄하하도
록 순순히 허용하지 마라. 이런 이상들은 거의 전부가 불안감과
자신감을 높이고픈 열망에서 비롯되거나, 뭔가를 팔기 위한 의
도에 따라 조작된 허상이다. 세상 사람들이 모두 자신을 진심으
로 받아들이게 되면 아마도 수많은 사업체들이 파산하고 말 것
이다.

청바지의 사이즈가 곧 당신은 아니다.

피부의 색이 곧 당신은 아니다.

체중계의 숫자가 곧 당신은 아니다.

얼굴의 그 상처 자국이 곧 당신은 아니다.

사람들의 기대가 곧 당신은 아니다.

사람들의 견해가 곧 당신은 아니다.

　당신의 개인적 매력이 모든 사람의 취향에 맞는 것은 아니며,
그래도 괜찮다. 그렇다고 해서 당신이 다른 사람보다 덜 매력적
이라는 의미는 아니니까. 완벽함은 주관적이며 전적으로 인식
에 바탕을 둔다. 당신의 '불완전함'에 자부심을 가져라. 바로 그
불완전함이 당신에게 독자성을 부여해 주기 때문이다. 당신 자

신만의 매력을 언제나 소중히 여겨라.

당신만의 독자적 매력을 알아보고 수용할 수 있다면 진실된 삶을 살면서 있는 그대로의 당신 자신에게 자부심을 가질 수 있다. 자신을 있는 그대로 받아들이는 사람은 세상 사람들에게 영감을 불러일으킬 수 있다. 그리고 그 사람이 바로 당신이 되지 말란 법도 없다. 세상 사람들에게 자기수용을 통해 큰 기쁨을 누리는 모습을 보여라. 그러면 당신의 모습에 영감을 받고 변화의 계기를 얻는 이들이 생겨날 것이다.

_____ 당신 자신만을 비교 대상으로 삼아라

남들이 뭘 하고 있는지에는 신경 쓰지 마라.
당신 삶의 주인공은 남들이 아닌 당신이다.
남들이 가는 길에 신경 쓸 게 아니라
당신 자신의 길에 관심을 기울여라.
그 길이 바로 당신의 여정이 펼쳐지는 공간이다.

비교는 우리가 슬픔을 겪는 가장 흔한 이유에 속한다. 솔직히 말하면 나도 예전에 비교 때문에 즐거움을 빼앗긴 일이 많았다.

주변 사람들에 비해 별 볼 것 없다는 이유로 자주 내 삶을 부끄러워하는 지경까지 갔다. 학교에 다닐 때는 작고 볼품없는 우리 집이 부끄러워 웬만해선 친구들을 집에 초대하지 않았다.

이 세상에서 가장 힘든 일이 자신을 남들과 비교하지 않는 것이라 해도 과언이 아니다. 나는 언젠가 명상을 하던 중에 어린 시절에 갔었던 어느 결혼식의 기억이 떠올랐다. 그때가 아마 10살 때였을 것이다. 다른 애들과 같이 이런저런 놀이를 하며 놀고 있었는데 나보다 몇 살 더 많은 형이 다음엔 무슨 놀이를 할지 명령하며 대장 행세를 했다. 그러던 중 다들 하던 놀이를 멈추었던 어느 순간, 이 대장 형이 우리 모두를 둘러보며 우리가 입은 옷을 살펴봤다. 형 자신은 비싼 디자이너 브랜드의 옷을 세련되게 차려입고 있었다.

형은 옷차림을 놓고 다른 애들에게 아주 막말을 했다. 형의 시선이 내 쪽으로 다가올 때쯤 나는 슬슬 불안해졌다. 내 옷은 비싼 옷이 아니었다. 그 형이 다른 애들 앞에서 나를 조롱하며 가난하다고 놀릴까 봐 초조했다. 안 그래도 우리 집 형편에 부끄러움을 느끼고 있던 나로선 그런 놀림을 당하면 더 창피해질 것 같아 안절부절못했다.

다행히도 형이 주의가 산만해지면서 나를 부르지 않고 넘어갔다. 하지만 겉보기에 못 사는 것처럼 보여서 흠 잡힐까 봐 불안해하는 두려움은 그 뒤로도 여전했다. 나이가 들면서 오히려 더 심해졌다. 학교에 다닐 땐 입고 싶은 옷을 입는 특별한 날이 있었는데 이날 유명 브랜드 옷을 입고 오지 않은 애들은 자주 골림을 당했다.

어떻게 그럴 수 있었는지 신기하지만, 엄마는 최저 임금을 받고 일하며 아이 셋을 키우면서도 우리가 이런 골림을 당할 일이 없게 해주었다. 하지만 나는 나이키 운동화를 신고 다녀도 나이키 중에서도 가장 싼 신발을 신었다. 비싼 나이키 운동화를 신고 다니는 애들을 보면 내가 가난하고 보잘것없는 사람 같았다. 그 애들이 갖고 있는 것들이 부러웠고 그런 순간이면 내게 없는 것들이 꼬리에 꼬리를 물고 떠올랐다.

아이들은 남들과 비교하는 습관을 부모에게 배우기도 한다. 부모들은 자식이 잘되길 바라는 마음에, 아이에게 더 잘하고 싶은 동기를 자극하려는 한 방법으로 다른 집 아이들을 칭찬하기도 한다. 예를 들어 이런 식이다. '새라는 시험에서 올 A를 받았대. 애가 아주 똑똑해서 크면 훌륭한 사람이 되겠어.'

이런 방법은 악의 없는 의도라 해도 아이의 재능을 훼손할 가능성이 있다. 특히 학업 성적을 빗대 칭찬하는 것이 아닐 경우라면 더 위험하다. 직접적으로 비교하면 아이는 자신을 모자라고 못난 사람처럼 느낄 수 있다. '새라처럼 똑똑해야지.' 이런 식의 말은 아이에게 아주 큰 손상을 입혀서 아이가 평생토록 자신이 부족한 사람이라는 느낌을 떠안고 살게 될 수도 있다.

브랜드 마케팅은 우리에게 비교를 일삼도록 부추긴다. 애플을 안 쓰면 유행에 뒤처지는 것 같고, 람보르기니 정도도 못 몰면 성공한 것이 아닌 것 같고, 유명 연예인이 입는 옷이 아니면 세련된 패션이 아닌 것 같다. 이 모두가 두려움과 낮은 자존감을 먹이로 삼아 고안된 교묘한 마케팅 전략을 통해 생성되는 암시들이다.

비교를 할 때는 언제나 자신보다 더 낮다고 인식하는 사람들을 대상으로 삼는다. 자신보다 더 힘든 상황을 겪는 사람들과 비교하는 경우는 드물다. 그래서 자신이 가진 것에 감사함을 잘 느끼지 못한다.

영감을 받기 위해 남들을 주목하는 것은 괜찮지만,

영감의 자극과 질투는 구별해야 한다.

SNS의 부상 역시 문제가 된다. 청소년과 성인을 아우르는 젊은 세대가 SNS에 심취하여서 SNS의 장밋빛 삶을 사실인 양 의식하고 이런 허구에 자신을 비교하고 있어서 문제다.

하나의 예로 어떤 커플이 현실에서는 헤어지기 직전까지 갔는데도 온라인에 다정한 모습의 사진이 잔뜩 올려져 있어서 아무도 두 사람의 실제 상태를 모르는 경우가 있다. -그렇다고 해서 이런 커플들이 다정한 이미지 대신 말다툼이나 갈등 상황까지 온라인에 공유하는 것이 적당하다는 얘기는 아니다. 단지, 아무도 싸우다 말고 '잠깐, 이 모습 좀 찍자'라는 말을 하지 않는다는 점을 지적하려는 것뿐이다.- 사람들은 온라인의 사진들만 보고 이 커플의 관계에 감탄과 부러움의 마음이 담긴 댓글을 올린다. 말하자면 비교를 하는 것이다. 그런 이미지 이면에서 일어나는 상황은 전혀 모른 채로 말이다. 사진 하나만 보고 모든 것을 알거나 판단할 수는 없다.

자신의 삶을 온라인상에서 보여지는 남들의 삶과 비교하는 일은 에너지 낭비다. 사람들은 행복하고 알콩달콩한, 보기 좋은 사진들만 공유하고 피곤하고 두렵고 외로울 때의 모습은 잘 공유하지 않는다.

화면에 비치는 관계 역시 관련 당사자들의 이익을 위해 만들어진 경우도 있다. 예를 들어 자신의 대중적 인지도를 높이기 위한 목적으로 그렇게들 한다. 일부 커플이 서로에게보다 카메라에 담기는 모습에 더 애정을 갖는 것처럼 보이는 이유가 여기에 있다. 그럼에도 불구하고 이런 커플들의 사진은 여전히 잘 먹혀든다.

명심하자. 누군가가 공유한 멋진 삶을 담은 사진이나 영상만을 가지고 그 사람이 그런 순간을 얻기까지 무슨 일을 겪었는지는 알 수 없다. 모든 승리에는 그런 승리를 얻기 위한 아주 피나는 노력이 있다. 온라인상에 사랑에 빠진 모습이 꾸준히 올라오는 공인들 중에는 상대가 그동안 퇴짜 놓고 튕겨서 애를 먹었던 경우도 있을 것이다. 모든 멋진 사진에는 그 사진을 얻기 위해 지워진 무수히 많은 사진들이 있음을 잊지 말자.

나는 실제 생활이 SNS에서와는 완전 딴판인 사람들을 여럿 보았다. 실제보다 더 나은 모습을 연출하기 위한 카메라 필터와 감동적 캡션에 가려져 사실이 왜곡되고 있다. 우리는 모두 이 점을 알면서도 쉽게 잊어버린다.

좋아요와 댓글과 팔로워를 통한 즉각적 인정을 얻기 위한 SNS의 활용은 인간의 본성에 호소력을 발휘한다. SNS에 몰입하면 우리 뇌에서는 기분 좋아지게 해주는 -그리고 중독에 관여하기도 하는- 호르몬인 도파민을 분출한다. 혹시 당신이 자기 사랑을 어떻게 실행해야 하는지 까먹어서 자신의 공허함을 채우기 위해 SNS를 이용하는 사람들에 당신 자신의 삶을 비교하고 있을지 모른다는 생각이 든 적은 없는가?

중요한 것은 온라인상에서 다른 사람들이 행하거나 공유하는 것이 아니다. 그 사람들이 삶에서 목표하는 바가 무엇인지나 그 목표에 얼마나 도달했는지도 아니다. 중요한 것은 바로 당신이다. 당신의 경쟁 상대는 당신뿐이다. 당신 자신을 능가하는 것이야말로 당신의 매일의 과제이며 따라서 비교의 대상은 어제의 당신이어야 한다. 가장 위대한 당신이 되고 싶다면 언제나 당신 자신의 삶과 목표에 집중해야 한다.

남들과의 경쟁은 발전이 아니라 고통을 부추긴다.

어떤 경우라도 두 사람은 각자 다르게 마련이다. 당신은 당신만의 길에 있다. 우리는 누구나 자신만의 속도로 인생길을 헤치고 나아가며 저마다 다른 시기에 다른 단계에 이른다. 다른 누군가는 이미 인생 무대의 쇼에서 가장 흥미진진한 대목에 이른 것 같은데 당신은 여전히 무대 뒤에서 준비 중인 것 같다고 해서, 당신이 무대에 올라 빛을 발할 기회가 영영 없는 게 아니다.

다른 사람들의 삶을 바라보며 그들의 성공에 박수를 보내라. 그런 다음 당신 자신의 삶을 계속 일구어 나가라. 지금 당신이 가진 것에 감사해라. 그리고 꾸준히 꿈을 따르며 얼마나 멀리까지 왔는지도 잊지 마라.

____ 내면의 아름다움을 소중히 여겨라

누군가를 놓고 그가 남들을 대하는 마음 씀씀이나 행동이 아름답다고 얘기하는 소리를 얼마나 들어 봤는가? 그런 경우는 아주 드물다. 신체적 외모를 거론하며 아름답다고 얘기하는 경우들과 비교하면 특히 더 드물다. 사람들은 외면적인 이유를 들어 남들에게 '아름답다'는 말은 많이 하지만 무조건적인 사랑과 친절함으로 내면의 아름다움을 보여 주는 이들에 대해서는 별로 주목하지 않는다. 왜일까? 안타깝게도 피상적 성공을 좇는 사람들에게는 이런 자질이 별 흥미를 끌지 못하기 때문이다.

그래서 사회적으로 우러러 받들도록 길들여진 이상적 아름다움을 내보이기 위해 겉으로 보여지는 방식을 바꾸는 사람들은 흔하디흔한 데 반해 생각하고 행동하는 방식을 바꾸는 경우는 아주 드물다.

우리가 친절한 모습을 보며 아름답다고 칭하려 힘쓴다면 행동방식을 바꾸는 데 더 흥미가 끌리게 될 것이다. 아름다움은 신체적 조건을 훨씬 넘어서는 그 이상의 개념이다.

단지 신체적 매력에 끌려 누군가에게 당신의 에너지를 쏟는 것은 바람직하지 않다. 그 사람의 가슴, 마음, 정신도 아름답게 느껴져야 한다. 명품 스포츠카도 엔진이 없으면 무용지물이듯 신체적으로만 아름다운 사람도 마찬가지다. 그 사람이 당신과 내면의 가치를 공유하지 않으면 그 사람과 함께 삶의 진전을 이루기는 힘들 것이다.

신체적 아름다움은 신체적 욕구만을 만족시켜 줄 뿐이다.
실질적 가치를 갖춘 사람만이
다른 사람들의 가슴과 마음과 영혼을 만족시켜 줄 수 있다.

진정한 아름다움은 눈을 만족시켜 주는 차원보다 더 깊이가 있어야 한다. 겉모습을 넘어서야 한다. 신체는 언제든 변할 수 있지만, 내적 아름다움은 평생 지속된다. 당신의 가치는 내적 아름다움에 있고, 따라서 인품을 키우는 데 시간을 할애해야 한다. 어쨌든 돈으로 성형수술은 받을 수 있어도 새로운 인격을 살 수는 없다. 아름다운 외모로 사람들의 관심을 끌 수는 있지만, 정말 좋은 사람을 놓치지 않으려면 내면의 미를 갖추어야만 한다.

_____ 당신의 성취를 축하하라

우리는 성공을 명성과 부를 얻고
값비싼 물건을 소유하는 것으로 여긴다.
하지만 어둠 속에서 스스로를 끌어냈다면
그 자체로 대단한 성공이다.
잊지 마라. 포기하지 않고 다음 단계로 나아가는 하루하루마다
당신은 승리하는 셈이다.

당신이 날마다 위대한 일들을 성취해 내고 있다는 사실을 알고 있었는가? 항상 그 다음 일을 내다보느라 오늘 이룬 일들이

별것 아닌 듯이 느껴졌을지도 모른다. 하지만 당신이 오늘 성취한 일들 중 상당수는 과거에 간절히 바랐던 꿈이다. 그 일이 성취되는 순간엔 그런 사실을 잘 의식하지 못할 뿐이다. 아니면 그 순간이 의식할 새도 없이 너무 빨리 지나가 버리거나.

자기만족에 빠져 더 이상 앞으로 나아가지 않게 되어서도 안 되지만, 또 한편으론 자신의 성취를 축하할 시간도 가져야 한다. 그렇지 않으면 삶을 돌아볼 때, 의미 있는 일을 아무것도 하지 않은 것처럼 느껴지기 때문이다. 물론 정말로 아무것도 한 것이 없다면 당신의 삶은 언제나 그대로일 테지만 말이다.

우리는 때때로 자신에게 지나치게 엄하다. 잘못한 일들은 하나하나 다 기억하면서도 잘한 일들에 대해서는 잘 생각하지 않는다. 이 말이 남 얘기 같지 않다면 당신이 너무 자기 비판적인 태도를 가지고 있지는 않은지 고민해 보아야 한다.

이따금 자신의 등을 토닥여 주어야 한다. 당신은 몇몇 사람이 당신이 해내지 못할 거라고 비판했던 일들을 해냈다. 당신 자신조차 못 해낼 거라고 여겼던 일들을 해냈다. 그러니 스스로를 자랑스러워해라. 당신은 현재의 당신이 되기 위해 열심히 싸웠다. 이 점을 인정하면 만족감이 생기고 진동이 높아질 것이다.

_____ 당신의 독자성을 존중하라

당신의 개인성은 축복이지 짐이 아니다.

남들처럼 되려고 노력하면

남들보다 위대한 삶을 이루지 못한다.

무리를 따라 봐야 무리의 일부가 되어 눈에 띄지 못한다.

사람들과 같은 길을 걸으면 그 사람들이 보는 것과 다른 것을

볼 기회를 얻지 못한다.

어린 시절엔 우리 모두가 다 독자적인 개인이니 자기 자신이 되는 것을 부끄러워하지 말라는 말을 자주 듣는다. 아무리 엉뚱한 꿈을 꾸어도 한번 펼쳐 보라며 격려받는다! 하지만 나이를 먹을수록 우리에게 열린 가능성의 세계는 점점 줄어든다. 이제는 주위에서 이렇게들 말한다. '그래, 자기 자신이 되어야지…… 하지만 그런 식은 아니야.', '넌 이 세상에서 뭐든 될 수 있어…… 하지만 이건 올바른 길이 아니야.'

심리학에는 '사회적 증거social proof'라는 개념이 있다. 사회적 증거란 사람들이 다른 사람들의 행동을 따라 하기 좋아하는 현상을 가리킨다. 다른 사람들 모두가 어떤 행동을 하면 그렇게 하는 것이 옳은 일이라고 여기게 되는 것이다. 다른 사람들이 당신의 행동에 미치는 영향은 당신의 생각보다 더 크다. 예

를 들어 두 곳의 새로운 바 중 한 곳을 골라야 하는데 쓱 보니 한 곳은 손님들로 북적거리고 다른 한 곳은 그렇지 않다면 한산한 곳은 형편없는 술집이고 인기 많은 곳이 훨씬 괜찮은 곳이라는 생각이 들게 된다. 하지만 다른 사람들 모두가 그렇게 한다고 해서 반드시 그 행동이 옳은 것은 아니다. 노예제는 한때 합법적으로 행해졌지만, 현재는 거의 모든 사람이 이 노예제가 비인간적이고 비열하고 부도덕한 행동이라는 점에 동의한다.

이제부터는 당신의 행동에 의문을 가져라. 어떤 행동을 하는 이유와 어떤 선택을 내리는 이유를 따져 봐라. 당신이 하고 있는 그 행동이 정말로 옳다고 생각해서 하는 것인가, 아니면 다른 사람들을 따라 하는 것인가? 선택을 내릴 때, 자주 남들의 관점에 휘둘리고 있다면 당신은 자신의 삶에 대한 통제력을 포기하고 있는 셈이다. 통제력이 없으면 당황해서 어쩔 줄 몰라 하다 불안감 같은 낮은 진동 감정 상태에 빠져들게 된다. 그러다 결국엔 다른 사람들의 의견에 노예처럼 끌려다니면서 자신이 느끼는 즐거움마저 스스로 통제하지 못하게 된다.

두려움과 희소성은 사회의 통제에 자주 사용되는 수단이다. 나는 자신이 선택한 삶을 사는 게 아니라, 선의에 따른 지도와 격려라는 미명하에 남들이 지시해 준 삶을 사는 사람들을 많이 봐 왔다. 그런데 다른 사람들은 아무리 당신이 잘되길 바란다 해도 무엇이 당신에게 최선인지 헤아리지 못할 수 있다. 그러다 다른 누군가에게 옮겨붙은 두려움을 바탕으로 당신을 위한 결정을 내릴 수도 있다.

당신은 사람들의 말에 귀를 기울일 수도 있고,
당신의 영혼의 말에 귀 기울여 당신 자신의 무대에 설 수도 있다.

다른 누군가의 신념에 따라 살고 싶어 해서는 안 된다. 다른 사람들 모두의 기대에 부응하거나, 다른 사람들 모두의 인정을 얻기 위해 특정 방식의 삶을 살아가고 싶어 해서는 안 된다. 진정한 자기 자신이 되어 자신의 독자성을 지키길 겁내서는 안 된다. 삶을 제약적으로 느껴서는 안 된다.

사실, 자신의 방식대로 살아가든 남들의 방식대로 살아가든
비판을 듣게 되는 것은 똑같다.

누군가가 예전에 이런 말을 했다. 호랑이는 양의 의견을 듣고 잠을 설치지 않는다고. 호랑이는 사회적으로 길들여진 대로 행동하는 동물들의 판단에 휘둘리지 않는다. 양은 끊임없이 인정을 얻으려 애쓰면서 방향을 이리저리 바꾸다 자신의 정체성을 잃는다. 그에 따라 결국 길을 잃고 방황하며 불운에서 벗어나지 못하게 된다.

단어 'silk'를 큰 소리로 열 번 말해 봐라.

이번엔 다음에 답해 봐라. 소는 무엇을 마시는가?

혹시 'milk'라고 답했는가?

그랬다면 프라이밍(시간적으로 먼저 떠오른 개념이 이후에 제시되는 자극의 지각과 해석에 영향을 미치는 현상-옮긴이)이라는 심리적 기법의 함정에 걸린 것이다. 말하자면 내가 정답은 아닌 특정의 답을 말하도록 함정을 파놓은 셈이다. 하나의 예를 더 보자. 만약에 내가 예전에 아주 외딴 곳에서 길을 잃고 그곳에서 벗어나려면 어디로 가야 할지 몰라 쩔쩔맸던 적이 있다는 이야기를 들려주다가 'st_ck'의 빈칸을 채워 단어를 완성해 보라고 말하면 십중팔구는 'stick(막대기)'이 아닌 'stuck(난관에 막힌)'을 적는다.

프라이밍은 연관성을 의식하지 않고 기억을 떠올리는 단서가 되기도 한다. 사람들이 자신도 모르는 사이에 특정 방식으로 생각하고 행동하도록 설정해 놓을 수 있다면 어떨까? 이것이 바로 마케팅 기업들이 판매를 늘리기 위해 지속적으로 벌이는 활동이다.

요즘 사람들은 순수한 본인의 의지에 따르는 경우가 드물어져, 우리는 다른 누군가의 암시에 따라 행동할 때가 잦다. 피해망상이 자극되지 않으면서도 다른 인간, 아니 정확히는 기업의 필요를 충족시켜 주도록 쉽게 재프로그래밍되고 있다.

단지 사회의 다른 일원들과 잘 어울리기 위해 당신의 개인성을 내주지 마라. 당신의 독자성을 수용해라. 혹시 지금 별종으로 취급받고 있지는 않은가? 그렇다면 멋진 일이다! 당신이 그렇게 별종 취급을 받는 이유는 단지 대다수 사람들이 상상 속의 상자 안에 갇혀 살고 있는 데 반해 당신은 그 상자에 자신을 맞추려 하지 않았기 때문이다. 게다가 우리는 자신이 사회의 요구에 맞지 않으면 자신에게 문제가 있는 것으로 믿도록 유도되고 있다. 대체 어느 누가 실제로 있지도 않은 상자에 속박당하고 싶어 할까? 나는 아니다! 자유에는 제약이 없다.

우리는 언제든 실력을 길러 한 개인으로서 자신을 발전시킬 수 있다. 안전지대 밖으로 나와 도전할 수 있다. 하지만 사회는 단지 우리 자신이 되는 것도 잘못인 양 느끼게 내몰기 일쑤다.

사람들은 흔히 당신이 말을 많이 하지 않아도
지극히 행복해한다는 걸 이유로
당신을 가리켜 말수가 적다고 말한다.
마찰과 극성떨기를 피한다는 걸 이유로
나약하다고 말한다.
좋아하는 일에 열정적으로 빠져 있다는 걸 이유로
집착적이라고 말한다.
사교적 인사치레에 적극적이지 않다는 걸 이유로
무례하다고 말한다.

자존감을 가진 걸 이유로 오만하다고 말한다.

외향적이지 않은 걸 이유로 갑갑하다고 말한다.

자기들과 다른 신념을 가진 걸 이유로 틀렸다고 말한다.

잡담에 잘 끼지 않으려 한다고

숫기 없다고 말한다.

사회적 트렌드를 따르지 않으려 한다는 걸 이유로

별나다고 말한다.

긍정성을 지키기 위해 최선을 다하는 걸 이유로

가식적이라고 말한다.

당신 자신이 되는 것에 편안해한다는 걸 이유로

외톨이라고 말한다.

남들과 똑같은 경로를 따르지 않는다는 걸 이유로

방황한다고 말한다.

지식을 추구한다는 걸 이유로

책벌레라고 말한다.

외모를 유명인처럼 꾸미지 않는다는 걸 이유로

촌스럽다고 말한다.

학구적이지 않다는 걸 이유로 멍청하다고 말한다.

남들과 다르게 생각한다는 걸 이유로

미쳤다고 말한다.

돈을 가치 있게 쓸 줄 안다는 걸 이유로

쫀쫀하다고 말한다.

부정적인 사람들과 거리를 둔다는 걸 이유로

의리 없다고 말한다.

사람들이 당신을 뭐라고 부르든 자기들 하고 싶은 대로 말하게 내버려 둬라. 사람들이 바라는 역할을 맡을 필요는 없다. 세상에서 당신이 펼쳐 나갈, 당신만의 역할을 만들어 내라.

_____ 관대하게 당신 자신을 대하며 용서하라

당신 자신이 잘못된 결정을 내렸던 일, 신념이 부족했던 순간,

남들과 자신에게 상처를 주었던 순간을 용서해 줘라.

당신이 저질렀던 모든 실수를 용서해 줘라.

무엇보다 중요한 일은 더 나은 사고방식을 갖추고

앞으로 나아가려는 의지다.

실수를 저질렀을 때, 머리가 나쁘다고 자신을 멸시하는 경우가 얼마나 자주 있는가? 다음과 같은 의문으로 스스로 사기를 떨어뜨린 적은 없는가? '나는 왜 이 일을 못할까?', '나는 왜 이

렇게 못생겼을까?', '나는 왜 자꾸만 실패할까?'

이런 내면의 목소리는 아주 비판적이기 쉽다. 이런 식의 의문은 대체로 추정일 뿐인데도, 그 의문에 담긴 생각을 사실처럼 받아들이도록 충동질한다. 그래서 스스로의 기를 죽이기에 아주 좋은 방법이다.

머릿속의 목소리가 언제나 당신을 너그럽게 대해 주도록 확실히 다잡아야 한다. 살다 보면 당신의 기를 죽이려 드는 사람들을 많이 접하게 마련인데 당신까지 그런 사람들과 한편이 되어서는 안 된다. 당신이 스스로에게 관대하지 않다면 남들이 당신에게 관대하길 기대할 수 없다. 당신의 삶을 응원해 주도록 내면의 목소리를 바꿔야 한다. 실수를 저질렀다고 자신을 멍청이라고 책망할 게 아니라 당신은 그저 인간일 뿐이며 다음번에 더 잘할 거라고 격려해 주는 것이다.

뒤에서 더 자세히 얘기해 보겠지만, 당신 자신의 말은 창의력 풍부한 에너지다. 당신을 응원하거나 당신의 인생 경험을 제한시키는 양 측면에서 굉장한 힘을 발휘한다. 자신을 경시하는 말을 쓰면 스스로가 스스로의 즐거움을 줄이는 격이다.

당신은 어릴 때 저지른 실수들 때문에 여전히 스스로를 자책하는가? 대개는 아니라고 대답한다. 그때는 어리고 순진했다는 사실을 알기 때문이며, 우리 대다수는 어릴 때의 실수로 교훈을 얻었다. 그때의 실수를 통해 더 나아질 수 있었다. 이런 자기용서를 최근의 실수에도 적용해 줘야 한다.

당신이 저지른 실수가 어떤 것이든 간에 다 한 사람으로서 발전하는 데 밑거름이 되기 마련이다. 하지만 매 실수에 담긴 교훈을 활용하기 위해서는 우선 그 실수를 놓아줄 줄 알아야 한다. 이미 일어난 일을 받아들여라. 그리고 숨을 들이쉬고 내쉬듯 놓아 버려라. 당신은 그저 인간일 뿐이며 실수의 경중을 막론하고 삶을 계속 이어갈 자격이 충분하다. 이미 저지른 일로 자책할 게 아니라 더 잘할 수 있는 것에 집중해라.

자책한다고 해서 상황이 바뀌지는 않는다.
가장 중요한 것은 다음을 꾀하기 위한 노력이다.

'그 사이에 정말 많이 컸구나!' 아주 오랜만에 만난 누군가에게 이런 말을 들어 본 적이 있지 않은가? 그런데 그 사람이 그렇게 당신을 다시 만나기 전에 다른 사람에게 당신 얘기를 했다면 예전에 알았던 당신의 모습을 얘기했을 것이다. 과거의 당신을 얘기한 셈이다.

사실, '과거의 당신'은 현재의 당신과 전혀 다를지 모른다. 그래서 누군가가 당신의 과거로 당신을 비판한다면 그것은 그 사람의 문제다. 그 사람은 더 이상 존재하지도 않는 곳에서 살고 있는 것이나 다름없다. 사람은 성장하고 성숙해진다는 점을 이해하지 못한다면 그 사람 자신이 성장이 필요한 사람일 가능성이 높다. 누군가가 당신의 과거를 당신을 비판할 구실로 삼아도 휘둘리지 마라. 그런 비판은 당신이 더없이 즐거운 미래를 다져 나가지 못하게 제약을 가하려는 시도일 뿐이다. 변함없이 그대로인 것은 없으며 그것은 당신도 예외가 아니다. 이 점을 명심하면서 당신이 이룬 성취와 성과를 모두 되짚어 생각해 봐라.

과거를 놓아 버리는 일도 못지않게 중요하다. 과거에 누군가가 당신에게 용서받지 못할 피해를 입혔을 수도 있다. 그래서 그 사람들이 어떻게 했는지는 잘 기억도 못 하면서 그때 느꼈던 기분을 놓지 못하고 있을 수 있다. 이런 악감정에 매여 있어 봐야 당신의 기분에 해를 끼치면서 진동을 끌어내리기만 할 뿐이다. 당신이 사람들을 용서하면 그것은 과거를 개선하는 게 아니라 당신의 현재와 미래를 개선하는 것이다. 스스로 더 평온해지면서 내면의 긍정적 에너지도 더 높아진다.

상처를 주었던 사람을 용서하지 못하면 오히려 나 자신이 피해를 입는다. 누군가가 당신을 배신해서 서로 사이가 크게 틀어지게 되었다고 쳐 보자. 당신은 처음엔 분노가 치밀고 마음 아파할 것이다. 그 사람과 관계를 끊어 버리고 나서 시간이 지나면 나중에는 그 일을 잊어버리게 된다. 그러다 어느 날 그 사람을 다시 보게 되면 사실상 그 사람을 용서한 게 아니기 때문에 과거가 다시 떠오르면서 그때의 고통이 되살아난다. 그러면 기분이 저하되면서 파괴적인 결정을 내리게 될 수도 있다.

용서는 누군가의 형편없었던 행동을 눈감아 주는 것이 아니다. 반드시 그 사람을 당신의 삶 속으로 다시 들어오게 할 필요도 없다. 용서는 그저 더 이상 상대가 당신의 생각에 힘을 미쳐 당신의 감정 상태를 통제하지 못하게 만드는 것이다. 그래야 그 사람이 당신의 운명에 영향을 끼칠 수 없게 된다.

PART 5

목표의 실현 :
정신 활동

Manifesting Goals: Mind Work

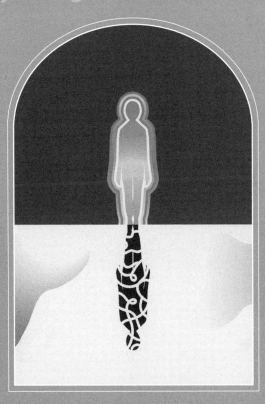

"인간의 정신이 생각해 내고 믿을 수 있는 것은

그것이 뭐든 다 이루어낼 수 있다."

- 나폴레온 힐

목표를 실현하기 위해 노력할 때는 높은 진동을 유지하는 것
이 중요하다. 감정은 유사성 원칙을 따르니, 이 책에서 지금까지
배웠던 모든 내용을 잘 익혀 두길 권한다.

하지만 확실히, 목표의 실현에 관한 한 신념이 그 근본적 토대
가 되어 준다. 뭔가를 향한 신념이 없다면 삶의 목표를 잘 못 찾
게 된다. 그런 의미에서 신념의 중요성과 신념이 현실에 미치는
영향에 관해 잠시 짚어 보는 시간을 가져 보자.

_____ 긍정적 사고의 중요성

긍정적인 사고는 당신에게 제약을 가하는 생각보다

힘을 갖게 해주는 생각을 선택하는 행위이다.

나는 긍정적인 정신이 긍정적인 삶을 가져다준다고 확신한다. 신비스러운 측면과 연관 짓지 말고 순전히 논리적 측면에서 이 말을 따져 보자. 뭔가를 부정적으로 바라보면 어떻게 그와 동시에 긍정적이기도 할 수 있겠는가? 다시 말해, 부정적 인지력으로 어떻게 삶을 긍정적으로 평가할 수 있느냐는 말이다.

긍정적인 정신은 부정적 정신보다 더 유용하다. 긍정적 사고는 우리를 방해하기보다 지지해 주는 생각과 행동을 선택하는 행위이므로 어떤 상황에서든 가장 좋은 결과를 가져다준다.

예를 들어 어떤 크리켓 타자가 경기에서 이기기 위해 마지막 공에서 6점을 내야 하는 상황을 가정해 보자(타자가 친 볼이 굴러서 경기장의 경계선을 넘어가면 4점, 노바운드로 경계선 밖으로 홈런을 치면 6점이 된다.-옮긴이). 이 타자가 안절부절못하면서 자신이 승리를 위해 필요한 6점을 내지 못할 거라고 생각한다면 아예 시도를 안 할 테니 결국 해내지 못할 것이다.

하지만 이 타자가 '난 6점을 낼 수 있어' 같이 힘을 북돋는 생각을 하기로 선택한다면 시도를 할 테고 그러면 6점을 득점해

낼 가능성이 생긴다. 어떤 선택을 하든 아웃될 수도 있지만 마음가짐은 서로 다르다. 힘을 북돋는 생각은 가능성이 생기게 해주는 반면 제약적인 생각은 가능성을 없애 버린다.

'할 수 없어' 같은 부정적인 생각은 목표의 성취를 향해 걸음을 내딛지 못하게 의욕을 꺾어 놓는다. 그렇게 되면 당연히 목표를 성취할 가능성은 떨어진다.

'할 수 있어' 같은 긍정적인 생각은 시도를 해볼 여지를 주어 목표를 성취할 가능성을 더 높여 준다. 부정적 생각은 당신을 제약하지만, 긍정적 생각은 당신이 원하는 것에 더 가까워지게 해준다.

어떤 일을 불가능하다고 믿으면 성공의 장애물에 지나치게 집중하게 된다. 이 대목에서 기억나는 남자아이가 있다. 이 아이는 나에게 미식축구에서의 실력이 최상위급에 들지 못해서 꿈을 포기하고 싶다고 말했다. 아이로선 자신의 삶을 보면 그 일이 현실적이지 않게 여겨졌기 때문에 꿈이 이루어지리라고 확신할 근거가 없었다. 자신의 현재 위치에서는 불가능한 꿈같아 보였다.

아이의 친구는 실력이 비슷했지만, 전혀 다른 태도를 보였다. 내가 더 낙관적인 이 아이에게 자신이 최상위급 실력을 갖출 수 있다고 믿는 이유를 물어봤더니 아이는 다른 선수들의 사례를 들며 그 선수들의 성공 스토리를 얘기해 주었다. 불가능성이 아니라 가능성에 집중했기 때문에 그 꿈이 현실적이라고 여겼던 것이다.

나도 늘 이런 태도를 취하며 나 자신에게 희망을 심어 주고 내 관점을 바꾼다. 집도 없이 살았던 당시에는 그 이후에 내가 이루어 낸 수많은 일들이 비현실적으로 생각되었다. 하지만 삶의 출발은 험난했으나, 놀라운 일을 이루어 낸 사람들에게 의욕을 자극받았다. 그래서 스스로에게 이렇게 말했다. '그 사람들이 할 수 있다면 나도 못 할 이유가 없잖아?' 나는 결국 불가능한 것이 아니라 가능한 것으로 집중의 초점을 바꾸었다. 세상의 모든 위대한 성취는 가능하다는 생각을 먹으며 자라난 것이다.

당신의 모든 생각 하나하나가 당신이 앞으로 나아가게 도와주거나 아니면 앞으로 못 가게 발목을 잡는다. 긍정적인 사고란 곧 당신을 앞으로 나아가게 해주는 생각을 선호하는 것이다. 그리고 당신 자신을 방해하기보다 지지해 주기 위해 생각을 바꾸고 신념을 새롭게 고치기에 너무 늦은 시기란 없다.

발목을 붙잡는 생각을 품은 채로는 앞으로 나아갈 수 없다.

당신의 정신이 곧 당신의 현실이다

"할 수 있다고 생각하면 할 수 있고,

할 수 없다고 생각하면 할 수 없다."

- 헨리 포드

200년도 더 전에 철학자 임마누엘 칸트가 이런 지적을 했다. 우리가 인식하는 모든 색깔, 감정, 사물을 아우르는 경험은 전부 다 우리 생각을 대변하는 것에 불과하다고. 즉, 현실은 그저 개개인의 인식에 따른 것일 뿐이라는 말이다.

한번 생각해 보자. 100명의 사람들에게 어떤 큼지막한 바위를 다섯 가지 방식으로 다르게 묘사해 달라고 부탁했다. 그러면 이런 묘사를 다 들은 어떤 사람은 500개의 바위가 있는 줄로 믿을지도 모른다. 물론 실상은 500가지의 방식으로 다르게 인식된 하나의 바위일 뿐인데도 말이다.

세상을 향한 인식은 우리의 믿음에 뿌리를 둔다. 여기서 믿음은 우리의 주관적 현실을 형성하는 개인적 진실이다. 다시 말해 자신이 믿는 진실이 자신의 현실을 형성한다는 의미다. 근본적으로 따지면 모든 인간은 믿음체계에 불과하다. 믿음은 특정한 것을 확신하는 마음이자, 수동적 이해다. 우리는 경험과 축적된 지식을 통해 습득한 믿음에 따라 살아가며 그 결과 모두가 저마다 세상을 다르게 본다.

　다른 사람들의 믿음에 마음을 열고 뭔가에 대한 또 다른 시각이 더 정확하고 힘을 북돋는 관점을 제시해 준다는 확신이 들 때는 기꺼이 자신의 믿음을 바꾸어도 좋다. 그것은 개인적 성장에 유용하다. 하지만 단지 남들이 그렇게 말한다는 이유만 가지고 믿음을 바꿔서는 안 된다. 그보다는 자신의 믿음에 의문을 갖고 자문해 보는 편이 좋다. '내 믿음이 내가 진심으로 좋아하는 삶을 살아가는 데 도움이 될까?', '내 믿음 중에 나 자신의 독자적인 믿음은 얼마나 될까? 또 남들을 통해 심어진 믿음은 얼마나 될까?'

정신이 현실을 만들어 낸다.
그러니 이제부터는 누가 당신의 목표를 두고 비현실적이라며
현실로 돌아오라고 말하거든
그것은 그 사람이 말하는 그 사람의 현실일 뿐
당신의 현실이 아님을 자각하라.

　뭔가를 향한 믿음은 그것을 이해하는 열쇠다. 그것에 대한 믿음이 없다면 그것은 당신에게 진실이 아니므로 당신의 현실이 될 수 없다.

　진동의 법칙을 통해 알게 되었다시피 부정적인 것을 믿으면 부정적인 일을 겪게 된다. 이렇게 부정적 경험을 겪고 나면 원래의 믿음이 더 굳어져서 부정적인 것을 더더욱 굳게 믿게 된다. 믿음을 바꾸기로 마음먹지 않으면 불행한 상상이 조만간 현실이 될 수도 있다.

_____ 잠재의식 이해하기

믿음을 초래하는 것은 잠재의식이다.
당신이 인식하는 모든 것은
당신이 잠재의식에서 진실로 받아들이는 것의 결과다.

'의식'은 생각하고 '잠재의식'은 받아들인다. 의식이 정원이라면 잠재의식은 토층이 깊고 비옥한 토양과 같다. 이 토양에는 성공과 실패의 씨앗 모두 구별 없이 심어질 수 있다. 이때 의식은 정원사의 역할을 맡아, 이 토양에 어떤 씨앗을 뿌릴지 선택한다.

하지만 우리 대다수는 이 토양에 좋은 씨앗과 나쁜 씨앗이 모두 떨어지도록 내버려 둔다. 다시 말해 잠재의식 속에 지속적으로 뿌리를 내리는 생각들 중에는 제약적인 생각들도 끼어 있다는 얘기다. 잠재의식은 이런 생각들을 솎아내지 않기 때문에 이런 생각들이 점점 더 깊이 뿌리를 내리고 마침내는 우리의 믿음을 바꿔 놓는다. 말하자면 두려움과 시기심을 느끼며 권력에 굶주린 사람들이 당신의 정신에 자꾸만 나쁜 씨앗을 공급해 당신이 가진 삶의 잠재력을 제약하는 셈이다. '정신 차려'나 '현실적으로 굴어' 같은 말을 통해서 말이다.

바람직하지 않은 잠재의식적 인상이 부추기는 사고에 습관적으로 깊이 빠져들면 삶의 진정한 목표와 멀어지게 된다. 하지만 일단 세상의 잡음을 잠재우고 나면 당신이 할 수 없는 일이 없음을 깨닫게 될 것이다.

_____ 생각을 넘어서기

상황을 바꿀 수 없다면 상황에 대한 인식을 바꿔라.
개인으로서의 힘이 바로 여기에서 나온다.
통제당할 것인지, 통제력을 쥘 것인지를 정하라.

나는 어린 시절에 다소 인종차별주의적인 동네에 살았다. 이런 식이었다. 그 나이대 아이들이 으레 그렇듯 나도 밖에 나가

놀고 싶어 했는데 그럴 때면 먼저 최소한 두세 명의 아이들과 30분 정도 싸우기 일쑤였다. 그렇게 싸우다 나중엔 그 애들의 형들과도 싸우게 될 때도 있었다.

그 애들에게 내 나라로 돌아가라는 말을 들으면 나는 기분이 상했다. 이곳이 내 나라이니 나에겐 밖에 나가 놀 권리가 있었다. 기억을 더듬어 보니 그 누구도 피부색으로 나를 업신여길 권리는 없다는 생각도 했었다. 이런 생각은 내 안에 분노가 들끓어 오르게 했고, 결국 싸우는 걸 좋아하지 않는 나였지만, 아이러니하게도 내 자유를 지키고 평화를 끌어낼 수 있는 유일한 방법은 싸움뿐이라고 생각하게 되었다. 누가 나에게 인종차별적인 태도를 보일 때마다 나는 폭력으로 응수했다. 내 폭력은 분노에서 잉태된 것이었고 고통에 맞서는 방어 조치였다. 하지만 나는 원래가 폭력적인 사람이 아니었기에 애들의 몸에 상처를 내고 나면 바로 죄책감이 들어 괜찮은지 물어보곤 했다.

요즘 뉴스에서는 폭력으로 평화를 끌어낸다는 개념이 자주 거론되지만, 이는 잘못된 생각이다. 내 경험상 싸움에서 이겨 봐야 더 많은 사람을 싸움에 끌어들이게 될 뿐이었다. 나는 얼마 지나지 않아 그런 극성을 벌일 만한 가치가 없다는 생각이 들어 밖에 나가 놀길 그만뒀다.

우리의 뇌는 영리하다. 우리의 삶을 편하게 만들어 주려고 가능한 한 생각을 적게 하고 싶어 한다. -이상한 소리로 들릴지 모르지만, 지나치게 생각을 많이 하는 습관을 가진 사람일수록 특히 더하다.- 그래서 뇌는 이런저런 경험과 결부된 이전의 감정들을 바탕으로 잠재의식적 결정을 내리도록 최적화된다. 반복에 의해 생성되는 이런 자동조정식 행동 덕분에 우리가 운전 같은 동작법을 다시 배울 필요도 없고, 일상생활의 온갖 자질구레한 것까지 생각할 필요 없이 하루하루를 보내게 되는 것이다.

하지만 잠재의식은 의식할 수 없기 때문에 무의식적으로 우리를 건전하지 못한 행동의 노예로 만들기 쉽다. 나는 차별을 당하고 폭력으로 응수할 때마다 기분이 안 좋았던 경험을 통해 내가 곧 내 반응이 아님을 깨달았다. 이전의 경험들로 인해 그런 식으로 반응하도록 길들여졌고 그 행동을 의식하지 못했던 탓에 그런 내 반응에 의문을 갖지 않았던 것뿐이었다.

당신이 곧 당신의 생각은 아니다.
당신은 모든 생각의 목격자다.

이런 원칙에 따르면 나는 사실상 '나는 화가 나 있어'라는 생각을 한 적이 없었다. 그저 이런 생각과 감정을 의식하고 있었을 뿐이다. 이런 '의식'을 더 잘하게 되면 더 나은 행동 방식을 선택할 줄도 알게 된다.

어떤 사건을 인식하는 방법이 그 사건을 경험하는 방식을 좌우한다. 사건은 중립적이지만, 우리는 이런 사건에 꼬리표를 단다. 안 좋은 사건이 일어나면 잠시 멈춰 서라. 그런 다음 당신의 생각들을 관찰하라. 그러면 무의식적 정신을 의식적으로 전환시키게 된다. 즉, 생각을 의식으로 바꾸어 놓게 된다. 일단 당신의 생각에 주목해야만 어떻게 반응할지 선택을 내릴 수 있다. 명상은 이런 기량을 갈고닦기에 효과적인 수단이다.

힘을 잃게 하는 생각은 진짜 당신이 아닌 것으로 여기고 지나가게 놔둬라. 아니면 힘을 북돋는 생각을 해도 좋다. 예를 들어 얼마 전에 실직했다면 취직을 못 하고 파산하게 될 거라는 생각에 집중하기 쉽지만, 그럴 경우엔 절망감에 빠져 진동이 낮아질 것이다. 반대로 더 높은 급여를 주는 새 직장을 찾을 기회에 집중할 수도 있는데 이런 생각을 하면 기분이 더 나아져서 진동이 높아지게 마련이다.

이것이 의식적으로 살아가기의 실행이다. 진정한 당신이 될 자유를 더 많이 누릴 수 있도록 나쁜 습관을 버리고 정신을 새롭게 길들여라. 그 과정이 빠르게 진전되지는 않겠지만, 열심히 노력하면 부정적 사고의 사이클에서 벗어나 긍정적 사고의 새로운 태도로 전환될 수 있을 것이다.

간단히 말해서 외부적 사건을 통제하려 들기보다 정신이 그런 사건에 반응하는 방식을 통제하는 데 집중하라는 얘기다. 이런 태도는 개인으로서의 힘을 되돌려줄 뿐만 아니라 행복한 삶에 이르는 열쇠이기도 하다.

당신의 목표는 부정적 생각을 제거하는 것이 아니라
부정적 생각에 반응하는 방식을 바꾸는 것이다.

_____ 필요한 건 단지 하나의 생각뿐이다

더 바람직한 결과와 벌어진 거리는
불과 하나의 긍정적 생각만큼이다.

카오스 이론은 수학의 연구 분야로 물리학, 생물학, 경제학, 철학 등의 여러 학문에 걸쳐 적용된다. 초기 조건의 아주 작은 차이조차 복잡하고 예측 불가능한 결과를 일으킬 수 있다는 이 이론은 흔히 나비효과로 불리는데, 이는 아마존에 사는 나비의 날갯짓이 미세한 대기 변화를 일으켜 특정 시기가 지나는 사이에 뉴욕같이 멀리 떨어진 곳의 기상 패턴에까지 영향을 미칠 수 있다는 데에서 붙여진 명칭이다.

예를 들어 특정 위치와 각도에서 완전히 똑같은 조건하에 포탄을 반복 발사한다고 가정해 보자. 이때는 수학과 물리학을 활용하면 매 발사 시의 포탄의 낙하 위치를 계산할 수 있을 것이다. 예측이 가능하다. 하지만 위치나 각도나 공기저항 같은 조건에 아주 약간이라도 변화를 준다면 포탄은 다른 위치에 떨어지게 된다.

마찬가지로 단 하나의 생각을 더 긍정적으로 바꾸고 그 생각을 정말로 믿는다면 세계에 대한 인식 전체가 바뀔 수도 있다. 이런 새로운 인식에는 결과를 바꾸는 힘이 있다.

우리는 환경에 의존해 새로운 결과를 이끌어 낼 수는 없다. 환경은 대체로 우리의 통제권 밖에 있기 때문이다. 하지만 생각의 변화는 우리의 통제권 안에 있다. 단지 생각만 바꾸면 삶의 포신을 조정하듯 포탄을 더 먼 곳이나 다른 곳에 떨어지도록 발사할 수 있다.

____ 믿음을 변화시키기

하룻밤 사이에 믿음을 변화시킬 수 있으면 좋겠지만, 그렇게 하기는 아주 어렵다. 앞에서 확실히 살펴보았듯, 우리의 믿음은 잠재의식이라는 토양 깊숙이 파고 들어가 있다. 생각들을 의문도 없이 받아들이면 생의 대부분 동안 그런 생각들과 동행해 살아가게 된다. 이런 생각들 중에 일부는 우리에게 타당하게 와닿더라도 우리에게 힘을 북돋워주지는 않는다. 오히려 삶의 잠재력을 제한시킨다.

가장 먼저 해야 할 일은 바꾸고 싶은 핵심적 믿음을 가려내는 일이다. 예를 들어 내 경우엔 다음과 같은 믿음이 있었다. '난 내 미래를 바꿀 수 없으니 절대로 큰일은 못 할 거야.'

이런 믿음은 기분이 좋진 않았지만, 그렇다고 그 믿음을 당장 바꾸려 들었다면 나 자신을 속이는 것처럼 느껴졌을 것이다. 어쨌든 이런 믿음이 나의 진실이었으니까. 그렇다면 나는 왜 이 믿음을 진실이라고 생각했던 걸까?

그렇게 내 제약적인 믿음과 마주보고 나서야 깨달았다. 알고 보니 그런 믿음을 갖게 된 이유는 내가 존경했던 사람들에게 들었던 말 때문이었다. 누구에게나 특정한 삶이 주어지며 그것은 아무리 노력해도 어떻게 할 수 없다는 말이었다. 확실히 좋은 운을 타고 태어난 사람들도 있고 그렇지 않은 사람들도 있으니 우리는 그 타고난 운을 받아들여야 한다느니, 뭔가 다르게 해보려 애쓰느라 시간을 허비해서는 안 된다느니 하는 식의 말을 가르침이라는 명목하에 되풀이해서 듣고 또 들었다. 이런 이념이 어릴 때부터 내 정신에 주입되었고 그러다 결국 나에겐 내 인생 경로를 바꿀 힘이 없다는 믿음이 생겼던 것이다.

나이가 들고 상황이 더 힘들어지면서 나 자신의 믿음이 나를 슬프게 했다. 그것이 나에게 주어진 삶이니 아무 대안도 없이 그런 식으로 살아야 할 것 같았다. 하지만 그렇게 살고 싶진 않았다. 빠져나오고 싶었다.

그러다 내 믿음의 타당성에 차츰 의문이 들었다. 그런 믿음의 원천에 대한 신빙성에도 의심이 생겼다. 물론, 그것이 존경받는 인물들에게서 나온 말이었고 내 주변 사람들 모두가 그 말을 인정했지만, 그중 단 한 명도 내가 열망하는 유형의 사람은 없었다.

정신적 제약에서 벗어나라. 당신의 잠재력을 제한시키고 당신의 꿈이 실현되지 못하게 방해하는 믿음체계에 갇힌 채로 살지 마라.

나는 십대 후반에 돈 많고 유명한 사람이 되고 싶었고, 그래서 돈 많고 유명한 사람들을 조사해 보며 그 사람들의 믿음이 나와 어떻게 다른지 확인해 보기로 마음먹었다. 이런 사람들은 생각에 제한을 두지 않았다. 긍정적인 사람들 같아 보이기도 했다. 그들은 자선, 타인의 존중, 건강함을 주된 화두로 삼았다.

다음으로 지구상에서 가장 위대한 업적을 이루어 낸 인물들을 주목해서 살펴봤더니 역시 똑같은 특징을 보였다. 누구보다 존경받는 정신적 지도자들도 조사해 봤는데 믿음이 삶의 경험을 만든다고 설파하는 지도자가 많았다.

깨닫고 보니 내가 배웠던 가르침이 꼭 틀린 것만은 아니었다.

나에게 그런 가르침을 전해 준 사람과 내 주변의 다른 사람들에게는 그것이 진실이었다. 그런 사람들의 삶을 들여다보니 공통적인 특징이 있었다. 힘겨운 삶이었다. 그들로선 다른 식의 믿음을 가질 이유가 없었다. 삶은 그들에게 친절하지 않았고 그렇다보니 그들이 아는 것이라곤 고생뿐이었다.

우리의 이성적 뇌는 우리 주변의 삶을 이해하려 애쓴다. 누군가 공감되는 이론을 제시하면 그것을 자신의 진실로 받아들인다. 내 경우엔 '삶이란 힘겹게 마련'이라는 말을 들었을 때, 그 말에 의문을 달기보다 수긍하는 편이 훨씬 쉬웠다. 그때껏 겪은 삶에 잘 들어맞는 말이었기 때문에 맞는 말로 곧이 들렸다.

우리의 믿음은 삶을 바라볼 때 들이대는 렌즈와 같다.
우리는 스스로 진실이라고 확신하는 대로 본다.

이런 깨달음을 통해 나는 알게 되었다. 내 믿음을 바꿀 수 있다면 내 삶도 바꿀 수 있음을. 그래서 나와 같은 환경에서 태어났지만, 그런 환경을 딛고 위대한 일을 이루어 낸 사람들이 있는지 알고 싶어졌다.

그런 사람들의 사례는 무수히 많았을 뿐만 아니라 그중에는 나보다 더 불우한 환경에서 태어난 이들도 수두룩했다. 이런 사람들의 성공 스토리를 읽어 보니 그동안 내가 믿도록 길들여졌던 모든 생각에 오류가 있었음이 입증되었다. 덕분에 나는 증거를 내세워, 나 자신의 이성적 정신에 대항할 확실한 주장을 세웠다. 성공 스토리를 읽으면 읽을수록 결의가 더욱 굳건해졌다. 이제는 새로운 믿음을 받아들일 수 있었다. 나도 내 미래를 바꾸고 위대한 일을 해낼 수 있다고 믿게 되었다.

여기에서 핵심 포인트는, 믿음을 바꾸고 싶다면 믿고 싶은 믿음을 뒷받침해 줄 충분한 증거를 찾아내 현재의 믿음이 오류임을 입증해야 한다는 것이다. 이런 입증 과정에 도움을 줄 만한 성공 스토리는 반드시 있기 마련이다.

_____ 자기암시 반복하기

당신이 말한 것은 결국 실현될 것이다.
당신에게는 말이 실제 현실로 이루어지게 하는 힘이 있다.

자기암시의 힘을 과소평가하지 마라. 자기암시는 당신이 이루고 싶은 일을 말로 나타내는, 긍정적인 발언이다. 단지 어떤 것을 큰 확신을 갖고 반복해서 말하고 또 말하는 것만으로도 잠재의식 깊숙이에 이 말이 진실이라는 믿음이 생겨난다.

이런 식의 믿음 생성은 일상 사회에서 흔히 일어난다. 우리는 특정한 세계관을 주입받으며 그런 세계관을 거듭거듭 반복해서 듣게 된다. 예를 들어 어머니가 자식에게 수줍음을 탄다고 자주 말을 하면 아이의 머릿속에는 이런 생각이 각인된다. 아이는 실제로는 수줍음을 타지 않을 수도 있지만, 이런 생각이 되풀이되면서 차츰 그렇게 믿게 된다. 그러다 결국엔 수줍음 타는 사람으로 자랄 수 있다. 어머니의 말이 씨가 되어 정말로 그렇게 되는 것이다.

여기에서도 다시 한번 힘을 북돋는 생각을 주입해 주는 사람들과 어울리는 일의 중요성을 강조할 수밖에 없다. 그렇다고 당신에 대해 좋게 얘기해 주는 친구들만 사귀라는 얘기는 아니다. 다만 해가 되는 게 아니라 격려가 되는 사람들을 골라서 어울리는 편이 좋다는 얘기다.

사람들에게 당신이 어떤 일을 할 수 없다는 말을 반복해서 들으면 정말 할 수 없다고 믿게 된다.

자기암시의 반복은 의식적 과정이다. 잠재의식에 명령을 보내는 행위다. 일단 믿음이 심어지면 잠재의식은 그 믿음을 성취하기 위해 할 수 있는 모든 일을 하게 되어 있다. 이는 당신을 위해 어떤 일을 실행하도록 컴퓨터 프로그램에 명령어를 작성해

넣는 것과 같다. 일단 명령어가 입력되면 프로그램은 자동으로 작동하면서 바라던 결과를 내놓는다.

내가 직접 경험해 봐서 하는 말이지만, 스스로를 속여서 믿게 만든 자기암시는 아무리 반복해서 말해 봐야 별 효과가 없다. 믿음을 바꾸었던 때의 얘기를 다시 꺼내자면, 당시에 나는 나 자신에게 내가 미래를 바꾸고 큰일을 해낼 수 있다는 말을 할 수가 없었다. 이전의 믿음에 이성적으로 맞설 증거부터 찾아야 했다.

어떤 생각을 자기암시로 말하기 전에도 그렇게 해야 한다. 그래야 그런 자기암시가 거부되지 않는다. 그것이 자기암시를 활용하는 훨씬 더 효과적인 방법이다. 자기암시를 반복하기 전에 실질성을 더해 주면 더 큰 힘이 생긴다.

높은 진동을 유지하는 것은 평생에 걸쳐 중요한 일이며 내가 깨달은 바에 따르면 기분이 좋을 때 자기암시를 말해야 자기암시가 탄력을 받게 된다. 하지만 어떠한 기분 상태에 있든 간에 자기암시의 반복은 진동을 높일 수 있다. 어떤 말에 진심을 담아 반복해서 말하다 보면 마침내는 당신의 상태가 완전히 바뀌는 느낌을 받을 수 있으리라.

자기암시는 당신이 평상시 말하는 대로 하는 것이 좋다. 당신의 말투로 말해라. 친구에게 사실을 얘기하는 것처럼 자연스럽게. 긍정적인 말만 되풀이해 말하고 피하고 싶은 상황을 연상시키는 부정적 뉘앙스의 단어는 쓰지 마라. 피하려는 대상은 피하려 할수록 오히려 집요하게 들러붙으려 드는 경향이 있다. 피하려고 발산시키는 에너지가 다시 우리에게 되돌아오기도 하기 때문이다. 그러니 '이제는 불안하지 않아'보다는 '나는 무슨 일을 하든 아주 자신 있어'라는 식으로 말해라. 또한 자기암시는 현재 시제로 말해야 한다.

목표가 이미 실현된 것처럼 행동하면
잠재의식은 목표가 실현된 것으로 믿고 그에 따라 행동한다.

자기암시에 어느 정도의 시간을 할애할지는 전적으로 당신에게 달려 있다. 하루에 2~5분 정도가 적당하지만 감정적 투자가 할애 시간보다 더 중요하니 그것이 진심인 것처럼 말하는 데 초점을 맞춰야 한다.

____ 말에는 힘이 있다

말은 상처를 주기도 하고, 힘이 되거나 치유를 해주기도 한다.
당신이 쓰고 내뱉는 모든 말에는 힘이 있다.

당신이 하는 말의 메시지는 중요하다.

그러니 말을 함에 있어 현명해야 한다.

1990년대에 에모토 마사루 박사는 감정 에너지가 물에 미치는 영향을 알아보는 획기적인 실험을 수차례 진행했다.[*] 한 연구에서는 물로 가득 채운 통 여러 개에 긍정적인 말과 부정적인 말을 적은 다음 각 통에서 빼낸 물 표본을 얼렸다.

부정적인 말 중에는 '이 바보야' 같은 예가 있었고 긍정적인 말의 예로는 '사랑'이라는 단어가 있었다. 이 실험에서 에모토 박사는 우리의 말이 에너지이고 물이 에너지를 흡수한다면 말이 어떤 식으로든 물에 영향을 미칠 거라고 생각했다.

박사의 생각은 전적으로 맞았다. 긍정적인 말이 적힌 통에 담겼던 물은 아름다운 빙정氷晶을 형성했고 그중에서도 '사랑'과 '감사'라는 말과 접했던 물의 빙정이 가장 경이로웠다. 반면에 부정적인 말이 적힌 통에 담겨 있었던 물은 빙정이 일그러진 형태를 이루어 그다지 끌리지 않는 모양이었다. 여러 물병에 음성으로 말을 전하는 식의 실험에서도 똑같은 결과가 나타났다.

이 책의 두 번째 파트에서도 언급되었다시피 우리 몸은 주로

....

[*] Emoto, M., The Hidden Messages in Water (Simon and Schuster, 2005)

물로 이루어져 있다. 그러니 우리의 말이 우리에게 얼마나 큰 영향을 미치겠는가.

_____ 의도를 정하라

원하는 것이 뭔지 확실하지 않으면

결국엔 확실하지 않은 것들이 잔뜩 쌓이게 된다.

무언가를 이루려는 노력을 펼치기 전에 먼저 원하는 것이 뭔지를 알아야 한다. 확실하지 않은 목표를 달성할 수는 없다. 식당에 들어가서 음식을 주문할 때, '야채 카레가 먹고 싶은 것 같네요.'라고 말할 사람은 없을 것이다. 원하는지 원하지 않는지 확실해야 한다.

당신의 의도가 애매하면 뒤따르는 결과에 그 혼동이 반영된다. 예를 들어 웨이터가 야채 카레의 맵기를 어느 정도로 해주길 원하느냐고 묻는데 당신이 잘 모르겠다고 말했다면 당신은 아무 단계의 맵기로 조리된 음식을 받게 될 것이다. 그때 그 카레가 너무 맵다면 그것은 확실한 지침을 주지 않은 당신의 잘못이다.

적절한 목표를 세우는 일은 아주 중요하다. 이때 목표에 반영해야 하는 것은 당신이 마음속 깊이 바라는 바이지, 당신이 마땅히 원해야 한다고 생각하는 바가 아니다. 나는 내가 원한다고 믿었던 일들이 사실상 남들에게만 깊은 인상을 주었던 시기를 오래 겪었다. 때로는 이런 일들을 이루고 나서도 만족감이 들지 않아 놀라기도 했다.

목표에는 한 개인으로서의 정체성을 반영해야 한다. 언제 생각해도 당신의 삶의 질을 향상해 주리라는 느낌이 드는 목표여야 한다. 물질적 욕망을 품어도 괜찮다. 에고를 완전히 초월한 사람들만이 그런 욕망을 품지 않는다. 하지만 그렇다 해도 목표는 당신에게 큰 의미를 띠는 것이 좋다. 예를 들어 어떤 사람이 대가족이 함께 즐거운 시간을 가지고자 더 큰 집을 원한다고 쳐보자. 이런 목표는 단지 자신이 얼마나 부자인지를 증명하기 위해 큰 집을 원하는 경우보다 더 의미를 띠게 된다.

의도를 명확히 해두고 나면 우주가 기적적으로 작동하게 될 것이다. 우리가 원하는 것을 내놓으면 발현 과정이 개시되면서 상황이 유리하게 펼쳐지기 시작한다. 꿈이 실현된다.

미국의 유명 래퍼이자 작가이자 프로듀서인 제이 콜은 래퍼가 되기 전에 광고업과 부채회수업에서 일했다. 2011년의 한 인터뷰에서 밝힌 얘기에 따르면, 콜은 래퍼 50센트의 영화 〈부자가 되든지, 되려 하다 죽든지Get Rich or Die Tryin〉를 본 후 영감을 받아 'Produce for Jay-Z or Die Tryin(제이지를 위해 프로듀싱을 하든지, 하려 하다 죽든지)'라는 대담한 문구가 박힌 티셔츠를 만들게 되었다고 한다. 먼저 프로듀서로 주목을 받는 식으로, 남들과 다른 경로로 래퍼가 될 수도 있겠다는 생각이 들었단다. 콜은 래퍼라는 자신의 가장 큰 목표에 다가갈 수단으로서 우선 프로듀서로 주목받는 것을 목표로 정했고, 이런 목표를 확실히 새기기 위해 티셔츠를 만든 것이었다.*

음악 산업계의 누군가나 제이지 본인이 자신을 알아봐 주길 바라는 희망을 품고 이 티셔츠를 입은 지 수년이 지났을 즈음 놀라운 일이 일어났다. 콜의 목표 설정과 뛰어난 직업정신이 자기신뢰와 짝을 이루면서 콜은 드디어 제이지와 계약을 체결하기에 이르렀고 이후에는 제이지의 힙합 레이블 락네이션Roc Nation에 영입되기까지 했다. 현재까지 콜은 제이지와 함께 몇 곡의 랩을 취입하며 자신이 직접 프로듀싱을 맡아 오고 있다.

....

＊ 'J. Cole Interview' (Fuse On Demand, YouTube, January 2011)

_____ 목표를 직접 써라

당신은 당신의 미래를 써 나가는 저자다.
당신의 바람을 글로 적고 당신이 쓴 이야기대로 살아라.

예전에 어떤 글을 읽다 목표를 글로 적어 놓으면 그 목표가 실현될 가능성이 더 높아진다는 내용을 봤다. 나는 흥미가 생겨서 정말 그런지 알아보기로 했다. 알아보니 자신의 목표를 종이에 적어 넣고 몇 년 후에 그 목표를 실현한 사람들과 관련된 놀라운 연구통계 자료와 비범한 사례들이 실제로 있었다.

그중에는 대중에게 알려진 유명한 사례도 있었다. 미국의 프로 미식축구 리그의 쿼터백 선수인 콜린 캐퍼닉Colin Kaepernick의 사례였다. 캐퍼닉은 4학년 때 자신에게 편지를 썼는데 그 내용에는 나중에 프로 미식축구 선수가 되고, 어떤 팀에서 뛰게 될 것인지 뿐만 아니라 심지어 체중과 신장까지 포함되어 있었고 이는 아주 정확히 들어맞았다.* 캐퍼닉은 심령술사가 아니다. 그저 자신이 뭘 원하는지 알고 자신의 미래상을 분명하게 의식했을 뿐이었다. 그리고 결국 캐퍼닉의 이런 생각은 현실로 이루

....

* Sessler, M., 'Kaepernick foretold future in fourth-grade letter' (NFL.com, 17 December 2012)

어졌다.

목표를 글로 적으면 의도가 실체화된다. 이때 구체적으로 정해 놓으면 길을 잃고 헤매지 않도록 집중력을 지키는 데 유용하다.

내 경우엔 목표를 글로 적어 놓는 측면에 관한 한 그동안 아주 운이 좋았다. 예전에 내가 아주 구체적으로 적었던 목표들이 그대로 실현되었다. 나에게는 목표를 적는 고유한 방식이 있다. 지금부터 그 방법을 구체적으로 알려줄 테니 여러분도 참고해서 잘 활용해 보기 바란다.

연필로 직접 쓰기

목표를 종이에 적는 일이 스크린상에 적는 것보다 좋은 이유는, 내가 좋아하는 생각대로 표현하자면 정신에 신비한 감동을 일으키기 때문이다. 이렇게 손으로 직접 적은 목표를 다시 읽으면 이런 정신상의 감동이 깊어지면서 목표에 더 큰 힘이 실리게 된다.

솔직해지기

목표를 당신이 바라는 그대로 써라. 스스로를 제약하지 말고 '옳다'고 생각되는 방식에 맞춰 목표를 쓰려 하지 마라. 큰 목표가 있다면 그것도 괜찮다. 크게 생각한다는 것은 크게 받아들일 마음의 준비가 되어 있다는 의미이기 때문이다.

현재시제로 쓰기

자기암시와 똑같이 목표도 이미 그 목표를 이룬 것처럼 현재시제로 써라. 예를 들어 -그것이 희망 사항이더라도- '나는 수학을 아주 잘해' 같이 쓰면 된다. 잠재의식은 당신의 목표를 실현시키기 위해 가장 저항이 적은 경로를 선택하게 되어 있다.

긍정문으로 쓰기

명심하라. 목표는 반드시 긍정적인 관점에서 써야 한다. 바라지 않는 면이 아니라 바라는 면에 초점을 둬라.

당신 자신의 말투로 쓰기

당신이 말하는 방식대로 써라. 멋 부린 말을 쓸 필요는 없다. 이 목표는 오로지 당신만 이해하면 된다. 쉽게 와닿는 말로 써라. 머리를 써서 이해해야 할 필요가 없는 쉬운 말이 좋다.

구체적으로 쓰기

구체적인 사항을 가능한 한 많이 써라. 목표가 확실할수록 결과도 더 확실하다. 명심해라. 잠재의식은 일련의 지침을 통해 작동해서 그 결과는 지침이 제시하는 딱 그만큼만 좋게 나올 수 있다.

가능하면 기간을 염두에 두지 말고 목표를 적어라. 안 그러면 기대한 그 시기에 목표가 실현되지 않을 경우 낙담하고 회의감이 들 소지가 있고, 그렇게 되면 진동이 떨어지면서 목표는 더 멀찍이 밀려나게 된다. 하지만 당신이 압박을 받을 때, 의욕이 자극되는 사람이라면 마감 시간이 활동을 개시하는 데 유용할 수도 있다. 그러니 당신이 알아서 결정하면 된다. 기간이 도움이 되면 써넣고, 그렇지 않으면 써넣지 마라.

자신감이 느껴지는 목표를 설정해라. 자신감을 키우는 최상의 방법은 작은 목표부터 시작하는 것이다. 작은 목표를 실현하고 나면 더 큰 목표의 실현에도 자신감이 붙게 된다.

일단 목표를 찾아서 글로 적고 난 뒤엔 매일 소리 내서 말해라. 목표를 살짝 조정해야 한다면 그렇게 해도 좋다. 하지만 빈번히 목표를 크게 변경하는 것은 매번 새로운 씨앗을 뿌리는 셈이나 다름없음을 유념해 두기 바란다. 당신이 원하는 것이 뭔지를 알아야 한다.

＿＿＿ 현실인 것처럼 꿈꿔라

마음속에서 현실이 된 것은

삶에서도 현실이 된다.

시각화는 어떤 경험이나 의도를 삶 속에 구현하기 전에 마음 속에 구현해 내는 과정이다.

세계적인 슈퍼스타 아놀드 슈워제네거 또한 목표를 설정한 뒤, 이 과정을 거친다는 얘기를 여러 차례 한 바 있다. 전설적인 배구 선수 마이클 조단 역시 마찬가지로 성공하기 전에 자신이 되고 싶은 선수상을 구체적으로 상상해 보곤 했다며 과거 경험담을 밝혔다. 말이 나와서 말이지만, 최정상급 선수들 중에는 시각화를 활용하는 경우가 많다. 지구 역사상 최고의 테니스 선수로 꼽히는 로저 페더러도 훈련 중에 시각화를 활용한다고 한다. 마음속으로 완벽한 실력을 펼치는 자신을 상상하며 훈련하는 것이다.

심리학자 앨런 버들리Alan Budley, 셰인 머피Shane Murphy, 로버트 울포크Robert Woolfolk가 출간한 1994년 저서의 내용에 따르면 신체적 연습과 정신적 연습 모두 아예 하지 않은 경우와 비교했을 때, 정신적 연습만이라도 진행한 사람이 더 나은 실력을 보였다고 한다.* 어떤 행동을 상상할 때, 뇌가 보이는 패턴은 그 행동을 직접 몸으로 수행할 때 활성화되는 뇌의 패턴과 아주

....

* Budney, A., Murphy, S. and Woolfolk, R., 'Imagery and Motor Performance: What Do We Really Know?', Sheikh, A., Korn., E. (Eds), Imagery in Sports and Physical Performance (Baywood, 1994)

유사해서, 시각화를 통해 실질적으로 뇌를 훈련시킬 수 있다.

우리가 바라는 바를 구체적으로 상상할 때, 우리는 스스로를 조율해 시각화의 대상과 같은 주파수로 진동하게 되는 셈이다. 나아가 이 과정은 자기암시를 할 때와 똑같은 방식으로 잠재의식에 영향을 미치기도 한다.

뇌와 신경계는 상상과 현실을 구분하지 못한다.

우리는 이 점을 유리하게 이용할 수 있다. 우리가 주입하는 생각을 뇌가 사실이라고 믿으면 우리의 삶에도 그 믿음이 반영되기 시작한다. 당신이 현재의 자신보다 더 자신감을 가지고 있다고 상상하면 뇌는 그 상상을 사실이라고 생각해서 실제로 자신감이 더 높아진다.

감각을 동원하라

시각화를 하나의 과정으로 이야기할 때는 머릿속에 개별적 이미지만을 떠올리는 것을 말하는 게 아니다. 그림이 아니라 상황을 떠올려야 한다. 미각, 시각, 촉각, 후각, 청각의 모든 감각을 동원해 상황을 상상하는 것이다.

할 수 있는 한, 가장 자세하고 구체적으로 상황을 떠올려야 한다. 예를 들면 새 차를 원한다면, 단지 그 자동차만 머릿속에 그려 보는 수준에 그치지 않고 그 차에 타서 운전하고 다니는 상황을 그려 보는 셈이다. 차에서 나는 소리, 도로의 풍경, 그날의 날씨와 기온 등등 운전 중에 마주칠 여러 상황들을 떠올려 보자. 창의성을 발휘하고 밝고 다채롭게, 요란하고 거창하게 상황을 그려 현실감을 부여해야 한다. 그리고 바로 그 순간, 상상 속 상황이 진짜 현실인 것처럼 생각해 보라.

단, 기분을 좋게 해주는 상황을 상상해야 한다. 상상으로 긍정적 감정을 촉발해야 하며 그러자면 많은 집중력이 필요하니, 마음이 편안하고 주의를 산만하게 하는 요소가 별로 없는 조용한 곳에서 시각화를 시도하는 게 좋다.

나는 이 방법을 활용할 때, 조금 찌릿찌릿한 느낌이 들기 시작하면 제대로 잘하고 있다는 확신이 생긴다.
시각화한 상황이 실제 일처럼 느껴지기 시작하면서 마음이 들떠 온다.

십대 시절에 취미로 곡을 만들곤 했다. 그 취미생활은 당시 최고 인기 그룹 중 하나였던 소 솔리드 크루So Solid Crew의 영향이 컸다. 소 솔리드 크루의 열성 팬이었던 나는 그룹의 로고를 찍어 넣은 필통을 가지고 다니며 수업 중에는 이 그룹과 함께 작업하는 공상에 빠지곤 했다.

스위스Swiss라는 소 솔리드 크루의 멤버가 페인 '엔' 뮤지크

Pain 'n' Musiq라는 앨범을 발매했는데 나는 이 앨범에 완전히 푹 빠져서 밤이고 낮이고 종일 들어 댔다. 음악을 듣다가 황홀감에 젖어 스위스와 함께 기막힌 곡을 만들어 내는 내 모습을 시각화 하곤 했다.

놀랍게도 그 뒤로 오래 지나지 않아 나는 실제로 스위스와 함께 작업할 기회를 얻게 되었다. 클라이브Clive라는 이름의 뮤지컬 아티스트이자 내 멘토가 마침 스위스와 친분이 있었고 그런 인연으로 우리 세 사람은 노래 몇 곡을 공동 작업하게 되었고 나중엔 스위스와 나 둘이서만 공동 작업을 하기도 했다.

원하는 상황을 머릿속에 시각적으로 떠올리기가 힘들면 몇 가지 유용한 수단을 활용하면 된다. 요즘 인기 있는 '비전보드'를 만들어 봐도 좋다. 원하는 바를 분명히 나타내 주는 사진, 신문이나 잡지 스크랩을 모아 하나의 보드에 붙이다 보면 저절로 목표가 확실하고 뚜렷해진다. 완성한 비전보드는 당신의 의지를 흐트러뜨리지 않게 잡아 주는 역할을 하도록 눈에 잘 띄는 위치에 두면 된다.

나는 비전보드를 시각화를 연습하는 용도로도 즐겨 활용한다. 직접 실제 비전보드를 만들지는 않고 개인 웹사이트에 이미지를 모아 놓고 매일 적어도 몇 분씩은 그 이미지들을 보려고 한다. 나에겐 이 방식이 효과가 좋다. 주로 인기 있는 비전보드 플랫폼, 핀터레스트Pinterest의 이미지를 사용한다. 이렇게 모은

'내가 바라는 이상 상像'을 내 인생 파트너에게 내 꿈의 계획을
말하며 보여 주기도 한다.

_____ 우주의 도움을 받아라

일이 어떤 식으로 될지 걱정하지 마라.

괜히 걱정해 봐야 제약만 생겨난다.

그저 당신이 원하는 바를 확실히 해 두면

온 우주가 당신을 위해 저절로 재조정될 것이다.

지금 당신이 어떤 길에 있든 관계없이

당신이 원하는 곳으로 이끌어줄 신호를 보내 주리라.

13세기의 시인 루미Rumi는 이렇게 썼다. "우주는 그대 밖에
있지 않다. 그대 안을 들여다봐라. 그대가 원하는 모든 것이 이
미 그대이니." 루미라면 우주가 당신에게 통하지 않는 유일한
경우는 우주와 조화되지 않을 때뿐이라는 말에도 공감했을지
모른다. 우주는 이미 당신의 내면에 존재하지만, 당신이 충분히
높은 주파수로 진동하지 않으면 그 우주를 감지할 수 없다. 당
신의 말, 행동, 감정, 믿음을 통해 그 우주를 발견할 수 있어야

한다.

우주는 가능성을 만들도록, 아니 더 적절하게 말해 우리가 가능성을 현실화하도록 도와준다. 당신이 따를 신호를 보내 주고 행동의 기준으로 삼을 생각들을 보내 준다. 여기에 응답하느냐 마느냐는 당신의 몫이다.

당신은 당신의 목표가 당신이 즐기는 뭔가에 도움이 되는지 아닌지를 판단할 수 있다. 어느 날 '나만의 요리법을 온라인상에서 판매해 보면 어떨까?' 하는 등의 특정 아이디어가 문득 떠올랐다고 치자. 이때 그 아이디어가 시시하게 여겨지면 그 아이디어를 행동에 옮기지 않을 것이다. 그냥 지나가는 생각으로 넘겨 버리는 셈이다.

그런데 그렇게 몇 주가 지나고 어쩐 일인지 자신만의 요리법을 공유하는 블로거들이 자꾸 눈에 들어온다. 하지만 이때도 이것을 그저 우연의 일치라고 여기고 다른 쪽으로 노력을 기울인다. 이렇게 우주의 신호를 무시하다가는 당신이 원하는 모든 것을 잃을 수도 있다. 우리는 때때로 자신의 목표를 특별한 방법으로 이루어야 한다는 생각 때문에 우주가 보내는 신호를 무심코 흘려보내 버리곤 한다.

예전에 내가 진심으로 이루고 싶었던 바람은 오로지 내 창의성을 활용해 세상을 긍정적으로 바꾸는 것, 그리고 당연한 얘기겠지만, 안락하게 사는 것뿐이었다. 그때는 이 바람을 이룰 수단이 의류뿐이라고 생각했다. 하지만 일이 어떤 식으로 진행될지에 관한 생각을 놓아버리고 나자 다른 아이디어들을 시도하게되었다. 그리고 얼핏 생각하기엔 우연히 떠오른 것 같은 아이디어들이 지금의 나를 만들었다. 이제는 그런 아이디어들이 내가이르고 싶어 하는 곳으로 데려다줄 것임을 알기에, 걱정 없이그 아이디어들을 따라간다.

끌어당김의 법칙 같은 이론을 자신 쪽에서는 아무 노력을 하지 않아도 꿈이 자동으로 실현되는 식으로 이해하는 사람들이있다. 하지만 아니다. 우리는 끊임없이 머릿속에 떠오른 그 생각과 아이디어를 실행에 옮겨야 한다. 그것이 우주가 보내 주는영감이기 때문이다. 우주에서 '이리로 가 봐! 이렇게 해 봐'라며넌지시 권해 주는 것이다.

행동이 따르지 않는 의도는 바람에 불과하다. 목표는 그 목표를 펼쳐 나가기로 결심해야만 실현된다. 우주는 언제나 당신을도와주고 있지만, 당신도 목표를 실현시키기 위해 당신이 해야할 몫을 기꺼이 해야 한다.

PART 6

목표의 실현 :
행동 취하기

Manifesting Goals: Taking Action

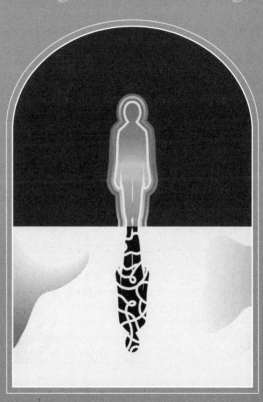

중요한 것은 지금 당신의 위치가 아니다.

지금의 위치에서 어떤 행동을 취하느냐다.

나는 행동을 취하며 목표를 향해 가속도를 붙이는 것이 중요하다고 믿는다. 그렇다고 해서 큰 걸음을 떼며 도약하라는 얘기는 아니다. 작은 걸음으로 꾸준히 앞으로 나아가면 된다. 단, 가진 실력을 모조리 발휘하려는 것은 언제나 좋은 생각이다.

예를 들어 내 의도가 세계 최정상급의 뮤직 아티스트가 되는 것이라면 당장 공연 티켓을 매진시키려 애쓸 필요는 없다. 노래를 만드는 단계부터 시작하면 된다. 이것이 올바른 방향을 향해 떼는 작은 한 걸음이다. 그와 동시에 그 노래에 내가 가진 모든 것을 쏟아부으면 된다. 가능한 한 최고의 가사를 쓰고 내 능력을 최대한 끌어내 노래를 부르면 된다. 그러려면 그 노래에 각별히 많은 시간을 쏟거나 새로운 기량을 익혀야 한다. 하지만 이 모두가 내 미래, 곧 내 꿈을 향한 투자다.

우리 대다수는 어떤 일이 불가능한 이유를 언제라도 풀어놓을 수 있도록 일련의 변명거리를 항상 가지고 있다. 가령, 이런 저런 의심을 늘어놓거나 시간이나 전문성이나 자원이나 등등이 부족하다고 구구절절 말하는 식이다. 하지만 아주 절실히 원하는 목표가 생기면 그 목표를 이루기 위해 다른 영역을 희생하게 된다. 내가 직접 깨달은 사실이지만, 꿈을 이루기 위해서 반드시 여유 시간이 많아야 하는 건 아니다. 그것은 돈이나 기타 자원의 경우에도 마찬가지다. 정말 필요한 것은 이상과 그 이상에 대한 믿음, 그리고 진심 어린 노력이다. 꾸준히 행동을 취하다 보면 결국 길을 찾게 된다.

사치스러운 생활을 희생하거나 힘든 일을 견뎌내고 싶지 않을 수 있다. 안전지대 밖으로 나가고 싶지 않은 셈이다. 평범함을 받아들이면서도 또 한편으론 평범함에 불만스러워한다. 하지만 그러다간 바라는 결과에는 끝끝내 닿지 못할 것이다.

'아직 준비가 안 됐어.' 사람들이 곧잘 하는 말이다. 그 준비는 언제쯤 되는 걸까? 버진그룹의 창업자 리처드 브랜슨 경은 학생 때 난독증 진단을 받았다. 그런데도 그는 16세에 학교를 중퇴하고 잡지를 창간한다. 대다수 사람들의 시각으로 보면 브랜슨은 잡지사를 차리기에 도저히 '준비가 되지 않은 사람'이었지만, 그는 의욕이 넘쳤다. 나아가 역시 문외한이었던 항공 관련 사업도 추진했다. 그 기업이 바로 버진 애틀란틱 항공이다. 현재 리처드 브랜슨의 버진 그룹은 어마어마한 규모의 순자산과 더불어 400개가 넘는 회사를 거느리고 있다. 브랜슨은 현재도 16세 때만큼이나 의욕에 넘친다. 그렇다고 해서 그가 운이 좋은 사람이었던 건 아니다. 걸어온 인생사를 들여다보면 내내 굴곡진 삶을 살았다. 브랜슨은 단지 자신의 이상을 믿고 그 이상에 따라 행동하는 사람일 뿐이다.

_____ 행동하지 않으면 변화는 일어나지 않는다

나는 한때 빚이 있었다. 그 빚을 갚기 위해선 당연히 돈이 필요했다. 나는 끌어당김의 법칙에 따라 진동을 높이며 기분이 좋은 상태로 있도록 살폈다. 하지만 행동을 취하진 않았다. 그저 돈이 나에게로 오길 기대했다.

그러던 중 어떤 온라인 시합에 참가해 상품으로 시계를 타게 되었다. 그전까지는 시합에서 이긴 적이 없었던 터라 보통은 시합에 참가하지도 않았는데 그날은 어쩐지 낙관적인 기분이 들어 시합에 참가했었다. 어쨌든 시합에서 이겨 시계를 탄 것은 감사했지만, 나에게 필요했던 건 돈이지 시계가 아니었다.

시간은 더디게 흘러갔다. 도무지 나에게 필요한 만큼의 돈이 모이지 않자 차츰 절망스러워졌다. 돈이 나에게 와 줄 것이라고 확신하고 있는데 왜 소식이 없는지 의문이 들었다. 그런데 사실, 나는 우주가 나에게 행동을 취하도록 베풀어 준 기회를 알아보지 못했던 것이었다. 상을 타 놓고도 그 상이 나에게 도움이 되어 줄 수 있다는 생각을 못 했다. 그 시계를 팔면 되었는데도 말이다! 나는 실수를 깨닫자마자 시계를 팔아서 필요한 돈을 마련했다. 때로는 목표로 나아가게 해 줄 방법이 행동을 취할 기회로 변장해 다가오기도 한다. 행동을 취하지 않으면 상을 받고도 놓치게 된다.

당신 자신은 아무것도 바꾸지 않으면서 변화가 일어나길 기대한다면 날마다 똑같은 방법으로 초코 라즈베리 케이크를 만들면서 그것이 초코 딸기 케이크로 변하길 기대하는 격이다. 케이크에 라즈베리가 아니라 딸기를 섞어 넣어야 딸기 케이크가 되는 것이다! 듣고 나니 뻔한 얘긴데 그걸 모른다는 게 조금 한심하게 느껴지지 않는가? 하지만 매일 똑같이 행동하면서 변화를 기대하며 사는 사람들이 현실에도 아주 많다. 이런 사람들은 생각과 말과 감정을 통해 이런 긍정적 에너지를 주입하기만 할 뿐, 그 자체로 진동을 일으켜 주는 행동은 취하지 않는 셈이다.

_____ 쉬운 길을 찾아 헤매지 마라

가만 보면 뭘 해야 할지 알면서도 하지 않는 사람들이 많다. 그 실질적 해결책이 너무 복잡하고 시간이 걸릴 것 같다는 이유로 일을 미루는 행동을 정당화하거나 더 쉬운 해결책에 기대는 것이다. 어떤 사람들은 덜 힘들게 원하는 결과를 얻으려 머리를 굴리느라 에너지를 쏟기도 한다. 효과적인 생산성을 위해서는 더 '똑똑하게' 일할 필요도 있지만, 똑똑하게 일할 방법을 궁리하는 데도 많은 에너지가 들어간다. 세상에는 힘들게 해야 하는 일도 있다는 사실을 받아들여 보자.

예를 들어 살을 빼고 싶다면 신체 활동을 늘리거나 식습관을 더 좋게 바꾸거나, 아니면 둘 다 해서 칼로리를 적자로 만들어야 한다. 하지만 대다수 사람들은 이렇게 해야 한다는 걸 알면서도 노력을 기울이지 않고, 마법의 약이나 문제 해결을 위한 또 다른 손쉬운 방법을 찾는다. 여러 가지 기적의 해결책을 시도해 보느라 과도한 시간과 에너지와 돈을 쓴다. 그냥 노력을 좀 해보기로 마음먹는다면 훨씬 더 큰 성과를 거둘 수 있을 텐데도 말이다.

아예 아무것도 안 하는 사람들도 있다. 살을 빼고 싶다며 앓는소리를 해대면서도 아무 행동도 취하지 않는다. 이런 사람들은 흔히 게으른 사람으로 취급받는다. 이렇게 아무 행동도 하지 않는 이유는 대체로 두 가지다. 원하는 결과를 성취하지 못할 거라는 생각에 미리서부터 좌절했기 때문이거나, 살을 빼기 위해 노력할 생각만으로도 너무 괴롭기 때문이다.

원하는 결과를 이루는 과정이 너무 힘들게 여겨지면 행동을 취하고 싶어지지 않게 마련이다. 헬스장에 가거나 몸에 좋은 음식을 챙겨 먹으려 생각하니 지금 그대로 지내는 것보다 훨씬 더 고통스러울 것 같아서 아무 행동도 취하지 않게 된다. 이처럼 더 쉽고 더 편한 선택안에 매달리기 십상이지만, 그렇게 안전지대 안에만 머물면 어지간해선 성장할 수 없다.

안타깝게도 많은 사람들이 다른 대안이 없는 지경이 되어서야, 그러니까 목표를 이루기 위해 필요한 과정을 거치는 것보다 현재의 상황이 더 고통스럽게 느껴지면 그제야 변화를 위해 노력할 마음을 먹는다. 큰 고통과 압박은 큰 변화를 일으키는 원동력으로 작용하기도 한다. 사람들이 해로운 관계를 견디다 한 계점에 이르러서야 결단을 내리는 것도 같은 이유다. 그제야 학대적 성향의 파트너를 견디는 것이 혼자 외롭게 지내는 생활보다 더 끔찍한 일이라는 걸 알게 된다.

안전지대 밖으로 걸어 나와 두려움을 마주 봐라.
성장은 마음 편한 상태에 있을 때가 아니라
도전을 받을 때 일어나는 것이다.

뭔가를 원하는 마음이 충분해지면 당연히 그에 대한 행동을 취하게 되어 있다. 하지만 고통의 한계점에 이를 때까지 미루지 마라. 그래 봐야 결과를 지연시킬 뿐이다. 목표의 성취를 얼마나 절실히 원하는지 스스로에게 물어보자. 목표의 성취를 열망하는 마음이 목표에 이르는 과정에 대한 두려움보다 더 크지 않은가?

_____ 일관성이 성취를 이끌어낸다

목표의 성취를 위해 힘쓸 때는 일관성이 있어야 한다.

근육을 키우고 싶어서 개인 트레이너에게 운동 지도와 식단 관리를 받는 3개월짜리 프로그램을 구입한다고 상상해 보자. 이후 당신은 트레이너의 지침을 50퍼센트 정도 따랐는데 한 달이 지나도 희망했던 결과가 나타나지 않는다. 이 경우 그 프로그램이 효과가 없다는 결론에 이를지 모른다. 아니면 프로그램을 철저히 따르며 2, 3주를 보냈는데도 바랐던 결과가 나타나지 않는다고 쳐 보자. 이 경우에도 그 프로그램이 효과가 없다고 말할 수 있을 것이다. 하지만 어쨌든 두 경우 모두 당신은 그냥 단념하는 셈이다.

프로그램을 50퍼센트 따르면 50퍼센트 이상의 결과를 기대해선 안 된다. 행동에서 일관성을 지키지 않는다면 기대하는 최종 결과를 볼 생각을 해서는 안 된다. 내 경우에도 홈트레이닝 과정을 해본 적이 있다. 2개월짜리 프로그램이었는데 한 달이 지나도 뚜렷한 결과를 볼 수 없었다. 그래도 끝까지 해보자고 스스로 다짐했다. 다행히도 그 다짐을 지켜내면서 2개월을 다 채웠을 땐, 허리둘레가 거의 3인치가 줄어 있었다.

명상, 자기암시, 시각화를 비롯한 그 외의 긍정의 실천들도 이와 다르지 않다. 효험을 거두고 싶다면 꾸준하고 확실하게 실행해야 한다. 이상에 전념해라. 일관성을 가지면 삶의 틀을 잡아주는 습관을 들일 수 있다.

시간의 부족은 핑곗거리가 안 된다. 뭔가를 할 시간을 내지 못한다면 그 일은 당신에게 충분히 높은 우선순위의 일이 아닌 셈이다. 어떤 일이 당신에게 정말로 중요하다면 시간을 내게 되어 있다.

> **"우리는 우리가 반복적으로 행하는 대로 된다.**
> **고로 훌륭함은 행동이 아니라 습관에 있다."**
>
> – 아리스토텔레스

축구계의 전설 데이비드 베컴은 한때 환상적인 프리킥 실력으로 유명했다. 프리킥을 차려고 자세를 잡을 때마다 관중은 공이 골망을 가를 것이라고 확신했다. 베컴은 하루아침에 프리킥의 대가가 된 게 아니었다. 연습에 연습을 거듭한 결과였다. 프리킥을 제대로 차 넣을 때까지 연습한 게 아니라, 잘못 찰 수가 없을 때까지 연습했다. 점수를 올렸을 때조차 연습을 꾸준히 지속하려고 마음을 다잡았다. 반복하면 습관이 된다.

모든 방법이 다 효과가 있거나, 당신에게 가장 잘 맞는 것은 아니다. 당신이 활용하는 방법들을 검토해 보고 변화에 따라 조정하는 과정이 꼭 필요하다. 기존의 방법을 충분히 수정하고 조정해 봤는데도 여전히 실력이 나아지지 않는다면 새로운 방법을 시도해 봐야 한다는 신호일 수 있다. 직관을 지침으로 삼아 보기를 권한다. 어쩐지 잘못된 느낌이 든다면 대개는 정말로 잘못된 것이다!

____ 평범함과 비범함의 차이

평범함과 비범함의 차이는 단순하다.
비범한 사람들은 하고 싶지 않을 때조차 할 일을 마친다.
자신의 목표에 전력을 다하기 때문이다.

목표를 추구하는 열의가 충분할 때는 자연스럽게 그 목표를 이루려는 의욕이 자극된다. 목표를 위해 노력하는 과정이 즐겁지 않다면 노력을 쏟을 대상을 재평가해 보는 편이 좋다.

그렇다고 해서 간절히 바라는 목표를 정하면 기분이 저조해지는 날이 없을 거라는 얘기는 아니다. 하물며 목표에 아주 집중된 상태인 날이라 해도 마찬가지다. 높은 진동 상태를 유지하거나 진동을 높이려 애쓰면 쉽사리 의욕이 생길 테지만, 그럴 기분이 아니라면 행동을 취해야 한다는 생각이 진동을 떨어뜨릴 수도 있다. 의욕을 꾸준히 이어가기가 언제나 쉬운 것은 아니다. 진전이 없거나 음울하고 우울한 날에는 특히 의욕을 유지하기가 어렵다. 의욕은 일어나기도 하고 가라앉기도 한다. 낮은 의욕은 재충전의 시간이 필요하다는 암시일 수 있다. 아니면 밖에 나가 활기를 찾아야 한다는 의미일지도 모른다.

그래도 여전히 의욕이 느껴지지 않으면 어쨌든 할 일을 하면서 끝까지 마치려는 의지를 발휘해라. 나에게 이런 말을 기대했던 것이 아닌데 실망스러운가? 물론 그다지 듣기 좋은 말은 아닐 테지만, 내가 경험으로 배운 바로는 이런 자세, 즉 이런 끈기야말로 평범함에서 비범함으로 나아가는 열쇠다. 있는 힘을 다하려는 자세가 중요하다. 이른 시각부터 이불 밖으로 나오고 싶지 않더라도, 시내 반대편에서 열리는 회의에 가기가 영 귀찮더라도 '어쨌든 해라!' 당신이 들이는 그 노력이 이후에 얻을 보상

만큼 가치가 있을 테니 그 점을 인정하고 받아들여라.

글쓰기는 내가 열정을 느끼며 하는 활동이지만, 기꺼이 인정하자면 이 책을 집필하던 중에도 나는 때때로 힘들어서 끙끙댔다. 글쓰기가 너무 지루해지는 순간순간마다 결과에 집중했다. 누구든지 기분이 내킬 때는 언제라도 일을 시작할 수 있다. 보통 사람보다 더 훌륭한 삶을 살고 싶다면 하기 싫은 기분일 때도 똑같은 노력을 쏟아야 한다.

_____ 꾸물거리는 습관은 꿈의 암살자이다

꾸물거리는 것은 습관이다. 해야 할 일이 너무 버겁게 느껴지면 어디서부터 시작해야 할지 몰라서 미루기 쉽고, 한 번 미루면 계속 미루게 된다. 다른 데 한눈을 파는 편이 더 낫고 마음 편하겠다고 생각할지도 모른다. 목표를 실현하고 싶다면 이런 습관을 없애 버려야 한다. 꾸물거리는 습관이 꿈의 암살자로 자라기 전에.

다음은 습관적으로 꾸물거리는 사람들의 행동 양상이다.

- 나중이나 막판까지 일을 미룬다.
- 급한 일을 놔두고 덜 급한 일부터 한다.
- 어떤 일을 하기 전이나 하던 중에 다른 일에 한눈을 판다.
- 피할 수 없을 때가 되어서야 할 일을 직시한다.
- 어떤 일을 할 시간이 없다는 논리를 펼친다.
- 어떤 일을 할 만한 적당한 때나 기분이 되길 기다린다.
- 시작한 일을 끝까지 마치지 않는다.

읽다 보니 남의 얘기 같지가 않은가? 꾸물거리는 사람들은 행동에 착수하기를 피한다. 해야 할 일을 제쳐놓고 이것저것 다른 일을 하는 사람들도 있다. 예를 들어 마감 일에 맞춰 리포트를 작성하기 위해 컴퓨터를 켜고는 먼저 인터넷 창부터 열어 놓고 훑어보며 귀한 시간을 낭비하는 식이다.

우리는 사소한 일뿐만이 아니라 가장 중요한 목표를 놓고도 꾸물거린다. 내 친구인 토니가 멘토링해 주었던 의뢰인인 말콤은 이러한 유형의 확실한 본보기다. 말콤은 겁이 많아서 안전지대 밖으로 나올 결심을 쉽게 하지 못했고 지나치게 분석적이었다. 이것이 습관적으로 꾸물거리는 사람들의 보편적 특징이다. 말콤은 이런 태도로 인해 목표로 향하는 경로에서 이탈하게 되었다.

말콤이 진심으로 이루고 싶었던 목표는 자신의 사업을 시작하는 것이었다. 목표를 이루려면 온 시간을 다해 사업을 구상하고 준비하는 일에 매진해야 했고, 그러자면 현재의 직장을 그만 두어야 했다.

말콤은 자신이 알지 못하는 미래가 두려웠다. 자신의 사업 아이디어로 어떻게 먹고 살아갈 만한 수입을 벌 수 있을지 막막해서 겁이 났던 것이다. 말콤에겐 자기믿음이 부족했다. 자신의 잠재력에 확신이 없었고 기존의 라이프스타일과 절충하면서 불편함을 감수하고 싶지도 않았다. 스스로 자신의 목표가 현실적이지 못하다고 판단해 사업에 열정을 쏟지 않았다.

토니의 도움으로 이런 생각들을 수정한 뒤 사업 착수의 길에 들어서자, 이번엔 갑자기 사업을 진행해 나가기에는 아직 정보가 불충분하다는 생각이 들었다. 조사를 더 해봐야 한다며 시간이 더 필요하다고 했다. 말콤이 이런 생각을 갖게 된 이유는 실패에 대한 두려움이 또다시 고개를 들었기 때문이다.

물론 성공적인 창업을 위해서는 사전 조사가 아주 중요한 부분이니, 말콤의 그런 의지가 타당하게 느껴질 수도 있다만, 문제는 그가 필요한 모든 정보를 이미 가지고 있었다는 것이다. 말하자면 추가 조사의 필요성은 행동 착수를 미루기 위해 상상이 만들어 낸 변명거리일 뿐이었다. 말콤은 자신의 사업을 시작하고 싶은 마음이 간절했고 그 사업이 세상을 더 가치 있게 해줄 것이라고 믿었지만, 안타깝게도 큰마음을 먹고 사업을 개시할 만한 자신감이 부족했다.

말콤은 계획의 세세한 부분까지 모조리 조사하는 데 수개월을 보내고 나서는 자신의 아이디어가 실행할 가치가 없다고 결론지었다. 완전히 쓸모없는 것으로 치부해 버리며 어렵사리 마음을 접기로 했다. 토니에겐 충격적인 결정이었다. 토니가 보기에 말콤의 아이디어는 잠재성이 대단한 데다 말콤의 열의도 높았기 때문이었다.

하지만 이 이야기는 여기에서 끝이 아니다. 시간이 지난 어느 무렵 말콤의 직장이 정리해고를 단행하게 되었다. 해고를 통보받은 말콤은 다른 직장을 구하는 대신 여윳돈을 밑천 삼아 철저히 조사해 두었던 그 사업 아이디어를 실행에 옮겨 보기로 결심했다. 이번엔 사업 아이디어를 잘 살려보는 것 외에는 선택의 여지가 없었다. 먹고살 돈을 벌어야 했다.

달리 선택안이 없는 상황에서 얼마 안 되는 자본금으로 드디어 말콤은 행동에 착수하게 되었다. 그리고 사업은 결국 성공을 거두었다. 정리해고를 당해 급여가 끊기는 상황에 몰리지 않았다면 말콤은 평생 사업을 시작하지 않았을지 모른다. 하지만 이제 그는 깨달았다. 자신이 두려움에 발목 잡혀 있었던 것이고, 더 일찍 사업을 시작하지 않은 게 아쉬울 뿐이라고.

모든 것을 철저히 파악해야 할 필요는 없다.
그런 생각을 많이 할수록 더 꾸물거리게 되고 두려움이 앞서게 된다.

용기를 갖고 당장 시작하라.

미약한 출발이라도 괜찮다. 그냥 부딪쳐 봐라!

꾸물거리게 되면 그런 자세를 극복하기 위한 전략을 짜 볼 필요가 있다. 이런 전략 짜기는 '에세이 한 편을 다 쓰기'같이 비교적 작은 목표의 경우엔 쉽지만, '온라인 사업으로 성공하기' 같은 큰 목표의 경우엔 만만치 않다.

이때는 목표를 쪼개라. 큰 목표는 부담감이 커서 그 목표를 달성한 자신의 모습이 잘 상상되지 않을 수 있다. 목표를 세분하고 긴급한 순서대로 해나가는 편이 더 효율적이다.

더 작게 쪼갰는데도 여전히 목표가 크게 느껴지면

더 작게 쪼개라.

비교적 작은 목표를 충족시키고 나면 보다 큰 목표를 향한 자신감이 늘어난다. 돈 벌기가 목표라 해도 처음엔 바라는 금액의 몇 분의 1을 목표로 잡아라. 그러니까 10,000파운드를 버는 게 목표라면 처음엔 100파운드를 목표로 세워라. 100파운드를 벌고 나면 100파운드씩 100번을 더 벌어 목표 금액을 채우면 된다.

우리 몸에는 기분을 좋게 해주는 호르몬이 네 가지 있다. 도파민, 세로토닌, 옥시토신, 엔도르핀이다. 특히 도파민은 목표를

향해 행동을 취하도록 용기를 북돋워 주고 목표를 이루었을 때
는 쾌감을 선사해 준다. 해야 할 일에 대한 열의가 부족할 때는
우리의 도파민 수치가 낮은 상태임을 뜻한다.

큰 목표를 작은 단위로 쪼개면 이런 열의 부족의 문제를 극복
할 수 있다. 목표 하나를 충족시킬 때마다 뇌에서 도파민을 분
출하며 축하해 줄 테고, 그러면 용기가 북돋워져서 나머지 목표
들도 이어서 행동에 착수하게 된다.

최종 목표가 분초를 다투는 경우라면 각각의 작은 목표를 그
데드라인에 맞춰 설정하자. 작은 목표들을 제시간에 맞춰 끝내
면 자연스레 큰 목표를 달성할 수 있게 된다.

여전히 꾸물거리는 습관을 물리치기가 힘들다면 다음 방법대
로 해보길 권한다.

1. 주의를 빼앗는 것들을 가능한 한 전부 치워라. 환경을 바꿔
야 하더라도 그렇게 해야 한다. 몸에 안 좋은 간식거리인 걸 알
면서도 배가 고플 때 눈에 띄어서 결국 먹게 되었던 적이 없는
가? 눈에 띄지 않았다면 유혹도 없었을 것이다. 쉽게 취할 수 있
는 것들에는 한눈이 팔리게 되어 있다.

2. 할 일을 끝까지 마치도록 스스로에게 동기를 부여해 줘라.
예를 들어 마쳐야 할 일을 끝내면 나중에 친구들을 만날 수 있
다는 암시를 주는 것이다. 그러면 기대할 거리가 생겨서 행동에

착수할 동기가 자극된다.

3. 뭔가 재미있는 일을 할 휴식 시간을 가져라. 누구나 일을 할 때는 약간의 휴식 시간이 필요하다. 하지만 정해진 시간을 지키면서 휴식을 취해야 한다. 드라마의 새로운 에피소드를 보고 싶다면 거기에 맞춰 휴식 시간표를 짜놓고 그 시간을 초과하지 마라.

4. 창의성을 발휘하라. 해야 할 일을 더 마음 끌리게 만들어보는 건 어떤가? 깊은 생각을 하지 않아도 되는 일을 할 때는 노래를 틀어 놓고 하면 좋다. 그러면 진동이 높아지게 마련이다. 노래를 따라 부르다 보면 일이 훨씬 더 즐거워질 수도 있다.

5. 도움 청하기를 꺼리지 마라. 필요하다면 도움을 받아도 좋다. 얼마 전에 당신과 비슷한 목표를 달성한 누군가와 이야기를 해봐라. 이야기를 나누다 보면 영감을 얻을 수도 있고 귀한 지침을 얻을 수 있을지도 모른다.

6. 행동을 취하지 않았을 경우에 감수하게 될 결과를 정해 둬라. 예를 들어 오늘 헬스장에 가지 않으면 그 주 내내 TV를 못 보게 될 거라고 스스로 다짐해 두는 식이다. 자신이 한 말을 어기지 않도록 확실히 해두는 차원에서 다른 사람들에게도 그런 다짐을 말하는 걸 추천한다. 이 대목은 다음의 마지막 요점으로 이어진다.

7. 당신의 의지를 믿을 만한 친구들 앞에서 밝혀라. 그러면 어

느 정도 책임감이 생긴다. 당신이 계획을 충실히 지키지 않으면 친구들이 알게 될 테고, 그러면 그들이 당신이 계획했던 목표를 확실히 성취하도록 어느 정도 압박을 가해 줄 수도 있다.

_____ 신속해결 사회

목표를 추구해 나가는 과정에서 인내력은 필수다. 바라는 바를 실현시키려면 시간이 좀 걸릴 수 있다. 당신이 목표를 실현하기 위해 힘닿는 모든 일을 하고 있다면 필요한 것은 오히려 약간의 인내뿐일 수도 있다. 현재를 있는 그대로 받아들이면서 지체나 실패나 난관에 부딪히더라도 낙관적인 태도를 지켜라.

시간은 당신이 가진 가장 귀한 자원이다. 한 번 써버린 시간은 다신 돌아오지 않는다. 고객의 시간을 절약해 주는 사업체들이 대체로 번창하는 이유가 여기에 있다. 하지만 이런 기업들은 우리의 삶의 질을 크게 향상시켜 주었는지는 몰라도 신속해결 사회의 탄생에는 일조했다.

신속해결 사회에서는 즉각적 해결책을 추구한다. 일이 당장 처리되길 기대한다. 더 적은 노력과 더 적은 시간을 들여 바람직한 결과를 얻고 싶어 한다. 온라인 의류 소매업체들은 주문하면 그 다음 날 옷을 받게 해준다. 아마존 프라임 같은 서비스는 온갖 종류의 상품을 하루 내에 배송해 준다. 영화나 TV를 보고 싶으면 바로 넷플릭스에 들어가서 골라 보면 된다. 데이트를 하고 싶으면 데이트 앱에 들어가 서로 맞는 상대를 찾기만 하면 된다. 식사는 전자레인지에 넣고 몇 분만 가열하면 되는 냉동식품으로 해결할 수 있다. 이런 사회에서는 더 이상 인내력이 필요 없다. 원하는 것을 당장 얻을 수 있기 때문이다.

이따금 이런 일들을 즐기는 것이야 괜찮지만, 그로 인해 생겨난 조급함의 문화가 문제다. 우리는 기다리길 싫어해서 기다려야 하는 상황이 되면 쉽게 의지가 흔들리곤 한다. 일이 신속하게, 최소한의 노력만으로 이루어져야 하는 걸 당연시하는 태도 때문이다. 그렇다고 내 말을 오해하지는 말길 바란다. 당신이 번개 같은 속도로 뭔가 훌륭한 일을 이룰 수 있다면 정말 멋진 일이다. 다만, 다음을 잊지 말자. 삶에서 부닥치는 일들 대다수는 노력과 인내력을 필요로 한다.

이런 신속해결 방식의 삶은 기대만큼 목표가 빠르게 실현되지 않으면 해당 목표를 중간에 포기하고 다음 목표로 관심을 옮기도록 부추긴다. 하지만 이 다음 목표도 절대 실현되지 못한다. 대부분의 경우 당신의 목표는 이룰 수 없는 게 아니다. 필요한 만큼의 노력을 쏟지 않았거나, 목표한 일이 즉각적으로 이루어지길 기대하는 마음의 문제일 뿐이다. 인내력을 좀 발휘해 보자.

당신은 언젠가 원하는 것을 얻게 될 것이다.

성급히 굴지 마라. 믿음을 가져라.

꿈을 이루기 위해선 그만큼 성장해야 한다.

_____ 단기적 즐거움을 장기적 이득과 맞바꿔라

시간을 삶을 더 훌륭하게 만드는 데 쓴다면

큰일을 이룰 기회를 놓치지 않을 것이다.

요즘엔 축하할 거리가 있을 때만 파티를 벌이는 편이다. 하지만 10대 후반과 20대 초반까지만 해도 나는 여기저기로 쏘다니며 수많은 클럽을 들락거렸다. 단지 미국의 악명 높은 봄 방학 문화(미국은 봄 방학이 되면 대다수 대학생들이 해변 등의 야외에서 광란의 파티를 벌여 원 없이 놀기로 유명한데, 술과 마약을 일삼고 총기 범죄까지 저지르는 등 일탈의 수위가 점점 도를 넘고 있다.-옮긴이)를 체험해 보고자 비행기로 영국에서 멕시코의 칸쿤까지 날아간 적도 있었다. 그때는 순간을 위해 살았다. 물론 순간을 사는 것도 중요하다. 앞에서 배웠다시피 우리에게는 오로지 현재의 이 순간만이 주어지니 현재를 즐겨야 하기 때문이다. 하지만 목표가 있다면 현재를 즐기는 일과 미래에 투자하는 일 사이에서 바람직한 균형을 잡아야 한다.

사무직에서 일하던 시절엔 금요일만 되면 기분이 들떴다. 이제 곧 일에서 해방되어 자유를 누릴 주말이 기다리고 있었기 때문이었다. 그렇게 어느 날부턴가 주말을 위해 살게 되었다. 삶에서 주말이 전부가 아닌 걸 알면서도 그랬다. 주말은 나 자신에게 보상을 주는 시간이었고, 나중엔 유흥에 중독된 수준에 이르러 힘들게 번 돈을 나이트클럽에서 날리기도 했다. 술에 취하면 그 순간에는 기분이 끝내줬다!

하지만 내 행동에 담긴 진짜 메시지는 이랬다.

나를 좀 봐! 지금 나는 나를 존중해 주지도 않는 누군가를 위해 좋아하지도 않는 일을 몇 시간씩 하고 있다고. 하지만 주말은 달라. 해방을 축하하며 고급스러운 병에 담겨 나오는 그 비싸고 치명적인 것에 힘들게 번 돈을 쓰고 있자면 주중의 현실에서 벗어나 비슷한 궁지에 처해 있는 사람들에게 깊은 인상을 남기면서 잠시 동안은 사는 걸 기분 좋게 느낄 수 있어.

마음 깊은 곳에는 '언제쯤 내 사업을 벌여 정말로 좋아하는 일을 하면서 내 이상에 가까워지는 삶을 살게 될까.' 하는 생각이 떠나지 않았다. 나는 툭하면 꿈에 도전할 밑천이 없다고 징징댔다. 모순적인 상황이지만, 사실 나만 그런 것도 아니다. 자기 사업을 시작할 시간이나 돈이 없다고 불평하면서도 여가 활동에 시간과 돈을 펑펑 쓰는 사람들이 많다. 어떤 주점에서는 겨우 술 한 잔 값이 책 한 권 값보다도 비싸다. 그렇다면 어느 쪽이 삶을 바꿀 가능성이 높을까? 부적절한 곳에 투자하며 자기도 모르게 다른 누군가의 꿈에 밑천을 대주고 있는 사람은 열심히 일하면서 돈을 아껴 목표를 실현할 밑천을 마련해 나가는 사람과 절대로 똑같은 삶을 살 수 없다.

신나게 노는 경우가 아니라도 다른 뭔가를 탐닉하면서, 과거의 나처럼 사는 사람들이 너무 많다. 물론, 우리는 삶을 즐기며 매 순간을 최대한 활용해야 한다. 하지만 지금 원하는 것 때문에 가장 원하는 꿈을 포기하는 행동은 스스로에게서 삶의 진정한 보물을 빼앗아갈 수 있음을 기억해라.

나는 모든 사람이 지금보다 더 훌륭한 삶을 살 운명을 타고났다고 믿는다. 하지만 장기적 보상을 위해 잠깐의 만족을 미루길 내켜 하지 않는 이들이 많다는 점도 잘 안다. 일시적 즐거움을 미루지 않아서 당신의 미래가 큰 영향을 받을 수도 있다.

대다수 사람들은 '~가 있으면 행복할 텐데'라며 불확실한 희망과 바람에 기대 삶을 살아가지만, 그것은 잘못된 생각이다. 감사해하는 마음을 갖고 의식적으로 삶을 살며 세상을 바라보는 관점을 바꾸면 지금 당장 즐거움을 누릴 수도 있다.

선택은 자유지만, 그 선택에 따른 결과는 피할 수 없다. 때로는 삶의 더 큰 축복을 잡기 위해 작은 것들을 희생해야 한다. 그렇다고 해서 일시적인 욕구를 비롯해 여가활동까지 무조건 다 무시해야 한다는 얘기는 아니다. 다만, 일과 놀이 사이에 바람직한 균형을 잡으면서 시간과 에너지를 적절히 쏟으라는 뜻이다.

_____ 믿음 VS. 두려움

걱정이 문제를 개선해 주지는 않는다.

주의력과 에너지를 더 현명하게 써라.

일단 불안감, 두려움, 걱정을 제압해야만

세상에서 한 단계 더 올라설 수 있다.

믿음은 낙관성을 지키기 위한 적극적 선택이다. 때로는 목표를 향한 믿음을 발휘하기가 아주 힘들 수 있다. 두려움이 스멀스멀 밀려들며 당신을 현혹한다. 당신은 여러 위대함을 보유하고 있는데 두려움은 마땅히 축복받아야 그 모든 위대함으로부터 당신을 멀어지도록 몰아간다.

두려움은 신체적 손상이나 죽음을 피하도록 도와주는 생존의 메커니즘이다. 하지만 우리는 곧잘 맘 편히 지내기 위해, 즉 도전을 피하기 위해 두려움을 이용한다. 두려움을 잘못된 방향으로 활용하면 그 두려움이 결국엔 우리의 진전을 방해하고 잠재력을 발휘하지 못하게 막는다. 두려움은 우리의 삶을 평범함에서 벗어나지 못하게 한다. 해로운 대상이 아닌 잠재력으로부터 도망치도록 충동질하기 때문이다. 두려움은 일상생활에서 우리의 발전을 방해하고 우리의 선택을 통제한다. 우리는 귀한 에너지를 잘될 거란 믿음 대신 잘못될 상상하는 데 써버린다. 그리고 그런 상상에 따라 행동한다.

믿음과 두려움 모두 확실치 않은 것을 믿도록 요구한다. 가령 추울 때는 나가면 병에 걸릴 거란 믿음 때문에 추운 밖으로 나가길 두려워할 수도 있다. 현재는 몸이 아프지도 않고 추위에 노출되어도 병이 날 가능성이 희박한데도 말이다. 이런 두려움은 그저 상상이 지어낸 허구일 뿐이다. 적어도 그 두려움이 현실이 되어 나타나기 전까지는 말이다.

우리는 두려움에 따른 추정을 하기 일쑤다.
안타깝게도 이런 식의 추정을 주입하면
그 추정이 팽창되어 결국엔 그런 일을 정말로 겪게 된다.

두려움은 낮은 진동 상태이며 그에 따라 삶에 원치 않는 일들이 더 많이 일어나게 된다. 믿음과는 달리 두려움은 정신을 무력화하기 때문에 이런 정신의 무력화가 경험에까지 반영되는 셈이다. 두려움을 몰아내면 더 좋은 경험을 하게 된다. 예를 들어 두려움이 없는 외과의는 덜 주저하고 집중력을 더 발휘할 가능성이 높다. 빠르고 정확한 의사결정은 성공적인 수술로 이어지게 마련이다.

믿음으로 두려움을 대체하면 상상할 수 없던 일을 해보도록 용기가 북돋워진다. 믿음은 가능성의 영역으로 탐험을 유도한다. 믿는다고 해서 반드시 일이 더 쉬워지는 건 아니지만, 적어도 가능하게는 해준다. 목표를 추구할 때는 흔들림 없는 믿음을 가져야 한다. 악의에 찬 견해나 운명의 장난으로 닥친 불운 앞에서 시련을 당해도 꿋꿋이 믿음을 지킬 수 있어야 한다. 아무리 봐도 패배할 것 같은 상황에서도 '난 승리할 거야'라고 말하는, 그런 믿음이 필요하다.

때로는 필요한 것이 오로지 믿음뿐일 수도 있다.
상황이 더 좋아질 거라는 사실을 믿기만 하면 된다.
꿋꿋이 믿음을 지켜라.
그렇게 믿는 사람이 당신뿐일지라도.

____ 흘러가는 대로 우주에 내맡겨라

좋은 진동을 포용하면서 흘러가는 대로 맡겨 두는 법을 배워라.

억지로 결과를 끌어내려 할 필요는 없다.

일단 우주와 조화를 이루면

어차피 당신의 것이 되기로 정해진 것이 당신에게로 올 것이다.

모든 목표 하나하나를 바라는 시간 안에 다 실현시킨 사람은 세상 어디에도 없다. 진동을 통해 결과를 바꿀 수는 있지만, 그러려면 다음을 받아들여야 한다. 일들은 제때에 이르면 당신에게 가장 이롭게 펼쳐지게 되어 있다. 때로는 상상도 못 했던 방식으로 전개되기도 한다. 그러니 목표를 실현시킬 만한 실력을 익히고 나면 목표에 대한 집착을 놓아 버려야 한다. 결과를 억지로 끌어내거나 과정을 통제하려고 시도했다간 두려움과 의심이 주입되어 저항감을 키우게 될 수도 있다.

실력을 펼치며 뭔가에 열의를 쏟다 보면 좋은 결과가 따를 수밖에 없다. 물론 지금 당장은 꼭 그렇지만은 않은 것처럼 여겨질지 모른다. 하지만 명심해라. 지금의 거절은 더 좋은 상황으로 방향이 바뀌는 것일 뿐이다. 실패는 잠깐 멈춰서 생각을 해보며 계획을 더 좋게 바꿀 기회다. 게다가 모든 실패에는 배울 만한 교훈이 있다. 그것이 아무리 큰 실패라고 느껴지더라도 말이다.

믿음을 가져야만, 겉보기에 의심의 여지 없는 실패 속에서도 그 진가를 알아볼 수 있다. 우리가 진정으로 원하는 것은 종종 다른 포장지에 감싸인 채 나타난다.

흘러가는 대로 맡겨 두는 법도 배워라. 이 책의 초반부에서 얘기했다시피 균형이 필요하다. 행동에 나설 때와 가만히 맡겨 두어야 할 때를 알고 그 사이의 균형을 잡아야 한다. 당신이 할 일은 이런 균형을 이루고자 할 수 있는 한 최선을 다하는 것이다.

PART 7

보다 고차원적인
목표에 도달하라

Pain and Purpose

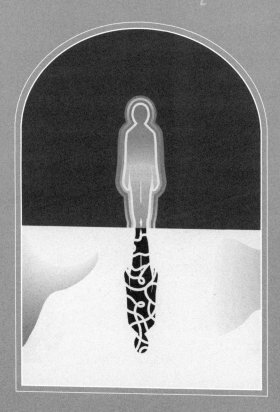

삶이 당신에게 싸움을 거는 이유는

당신이 약해서가 아니라 당신이 강하기 때문이다.

삶도 잘 안다. 당신에게 고통을 주면

당신이 당신 자신의 힘을 깨닫게 될 것임을.

그리스의 위대한 철학자 아리스토텔레스는 말했다. 모든 일은 그만한 이유가 있어서 일어나는 것이라고. 이 말을 적용해, 삶에서 겪는 모든 일도 당신의 틀을 잡아 주어 가장 우수하고 가장 강한 당신으로 발전하도록 돕기 위해 설계된 것이라고 생각해 볼 수 있다. 다시 말해 부정적인 경험조차도 고통의 시간이라기보다 발전의 기회로 삼을 수 있다는 뜻이다. -그렇다고 해서, 살다가 고통스러운 일을 겪을 때 슬퍼하거나 울적해 해서는 안 된

다는 얘기는 아니다. 그런 일을 겪은 후에는 스스로에게 치유의
시간도 주어야 한다.- 뭔가 일이 잘못될 때마다 불쌍한 척 굴면
삶은 언제나 당신이 그런 사람으로 살게 대우한다. 환경이 미래
를 결정 짓게 하지 마라.

위에서 인용한 아리스토텔레스의 소신을 들으면 사람에 따라
'맞아! 나도 그렇게 느껴!'라는 생각이 들어 희망을 얻을 수도
있고, 약간 짜증스러워질 수도 있다. 물론 이해한다. 어떤 이들
에겐 이 말이 짜증스럽게 느껴질 수 있다. 끔찍한 일을 겪고 있
을 때는 그 일이 일어난 이유를 이해하기가 아주 힘들다. 이럴
땐 오로지 고통만 느껴져서 누군가가 이런 말을 하면 자신의 상
황을 몰라서 그런 말을 하는 거라고 느낄 만도 하다.

하지만 우리 대다수는 살면서 아주 힘든 시기를 적어도 한 번
은 겪어 봤다. 그때 나름대로 최악의 시기를 느껴 봤기 때문에,
누군가가 최악의 상태에 있을 때 그 심정을 정확히 이해하진 못
해도 어느 정도는 공감할 수 있다.

때로는 그냥 믿어야 한다. 그 일의 이면에는 타당한 이유가 있
으며 우리가 기꺼이 인정할 때라야 그 이유가 드러나게 되어 있
다고.

내가 학교에 다닐 때 한 선생님이 자신의 남자 형제의 얘길
들려준 적이 있다. 당시에 그 형제분은 시내에서 공부를 하고
있었는데 연휴를 맞아 집으로 가려다 마지막 열차를 놓쳤다고

한다. 그분은 상심에 빠졌고 스스로에게 화도 났다. 하지만 그 날 저녁 늦은 시간에 타려고 했던 그 열차가 추돌 사고가 나서 거의 모든 승객이 사망했다는 비극적인 소식을 듣게 되었다. 그 순간 마지막 숨을 거둘 뻔했던 자신을 구해 준 신께 감사한 마음이 들면서 이런 말이 입 밖으로 튀어나왔단다. '모든 일에는 다 이유가 있구나.' 열차 사고 사망자들의 친구와 가족들이 공감할지는 잘 모르겠지만, 적어도 선생님 형제분의 관점에서는 이 말이 절묘하게 맞아떨어졌다.

당신이 힘든 시기 이면의 의미를 보지 못했다고 해서
의미가 사라지는 것은 아니다.

어렸을 때 아버지가 돌아가시지 않았다면 나는 지금처럼 이렇게 사람들에게 용기를 북돋워주는 일을 하지 않았을 것이다. 다른 일들을 겪으며 살았을 테니 전혀 다른 인생사를 쓰지 않았을까? 그렇다고 아버지가 돌아가신 게 더 잘된 일이라는 얘기는 아니다. 아버지가 계셨다면 고생을 훨씬 덜 했을지 모른다는 말이다. 어쨌든 모든 일에는 다 이유가 있다는 아리스토텔레스의 말은 삶을 진전시켜 나갈 수 있게 하는 힘이 되는 관점을 제시해 준다.

과거는 바꿀 수 없다. 과거에 대한 인식만을 바꿀 수 있다. 사고방식에 이런 인식의 변화를 일으키면 우리에게 일어나는 모든 일은 '우리를 위해' 일어나기도 한다는 점을 비로소 믿게 된다. 인식을 긍정적으로 바꾸기 시작하면 어느새 삶도 더 나아진다. 하지만 인식을 바꾸지 않으면 즐거움을 잃고 낮은 진동 상태로 내몰리게 된다.

___ 고통은 사람을 변화시킨다

삶은 당신을 축복해 주기 직전에
당신을 시험해 본다.

인생 최고의 변화가 가장 고통스러운 일의 결과인 경우도 있다. 최고의 시기를 즐기기 위해 필요한 지혜와 힘과 지식을 얻으려면 삶에서 최악의 시기도 겪어야 한다.

변화로 나아가는 여정 중에 최악의 시기를 겪으면 삶이 혼란스럽고 힘들게 느껴지기 쉽다. 자신이 제대로 가고 있다고 믿고 좋은 일이 일어날 거라고 믿기가 아주 힘들어진다. 하지만 명심해야 한다. 그 여정 중에 배운 교훈을 활용하면 더 좋은 선택을 내리면서 나아갈 수 있음을 말이다. 이를테면 이전 파트너와의 관계에서 가슴 찢어지는 아픔을 겪었다면 파트너를 고를 때 더 주의를 기울이기로 마음먹을 수 있다. 그리고 그 결과로 그전에 만난 그 누구와도 감히 비교할 수 없을 만큼 당신에게 잘해 주는 영혼의 동반자를 만나게 될지 모른다.

당신이 내리는 선택 하나하나는 더 많은 선택으로 이어진다. 일상생활을 시작할 때는 이 점을 기억하자. 당신이 딱 하나의 선택을 다르게 하면 완전히 다른 하루를 경험하게 될 수도 있다.

한 소년이 어떤 소녀와 첫 데이트로 영화를 보러 가는 상황을 상상해 보자. 소년은 뭘 좀 먹고 나가기로 결정했다가 속이 거북해진다. 그래서 화장실에 갔다가 그만 데이트 시간에 늦고 만다. 소녀는 기다리다 지쳐서 소년이 극장에 도착하기 몇 분 전에 가버린다. 소년은 극장에 왔다가 소녀가 가버린 것을 알고는 집으로 되돌아가던 중 우연히 마주친 다른 한 소녀에게 첫눈에 반하게 된다. 이번엔 이 두 사람이 이후에 만나서 이야기를 나누다 사랑에 빠지고 결혼해서 자녀들을 낳는 모습을 상상해 보자. 이 모든 일은 순전히 원래의 데이트 약속을 놓친 덕분에 일어난 것이다.

모든 일은 연결되어 있다. 과거에 어떤 비극적인 일이 있었다면 최근에 일어난 좋은 일을 떠올려 봐라. 두 일은 서로 연결되어 있다. 과거의 그 일은 어떤 식으로든 당신에게 다른 선택을 내리게 했고 그 선택의 결과로 당신에게 좋은 일이 일어났던 것이다.

때때로 살면서 겪었던 일들을 돌아보며 연결점들을 이어나가 볼 필요가 있다. 아마도 각각의 일에는 어떤 이유가 있었을 것이다. 주의 깊게 살펴보다 보면 그 일들이 타당하게 느껴질지 모른다. 그렇게 타당하게 느껴진다면 미래의 모든 일 또한 마찬가지로 고통을 안기든 즐거움을 선사하든 간에 어떤 목적을 가지고 있으리라고 확신할 수도 있을 것이다.

____ 교훈은 되풀이된다

삶은 당신을 훈련시킨다.
당신이 쓰러지면 주먹을 휘두르고 발로 차면서 당신을 짓밟는다.
하지만 당신은 견뎌내고
더 발전한 당신으로 새롭게 거듭나게 된다.
어떤 사람들은 아직도 힘들어 쩔쩔매고 있는 역경에
당신은 단련이 되어 끝내 이긴 것이다.

앞으로는 상황이 바뀌길 빌고 있는 자신을 볼 때면 당신이 변화를 위해 그런 상황에 놓인 것임을 자각해라. 삶은 우리가 감당할 수 있고, 우리의 장점을 끌어내 줄 만한 교훈을 준다. 그런 다음 교훈을 터득했는지 확인하기 위해 우리를 시험한다. 이런 시험은 경우에 따라 잔인하기도 하고 아주 자비롭기도 하다.

때때로 우리는 똑같은 문제를 거듭거듭 되풀이해서 겪기도 하는데, 이는 우리가 아직 처신 방식을 제대로 배우지 못했기 때문이다. 혹은 체화하지 못해서 그런 것일지도 모른다. 누군가가 교훈을 잘 배웠는지를 확인하기에 가장 좋은 방법은 그 사람을 한 번 이상 다시 철저히 시험해 보는 것이다.

내가 당신에게 방금 전에 교훈을 알려 줬다면 당신은 그 교훈이 아직 머릿속에 생생히 각인되어 있어 시험에 아주 쉽게 통과할 수 있을 것이다. 하지만 몇 달 후에 똑같은 시험을 해보면 어떨까? 통과하기가 훨씬 어렵다. 바로 이때가 당신이 교훈을 제대로 잘 배웠는지를 확인해 볼 진짜 시험이다. 예를 들어 당신이 잘 알지도 못하는 누군가와 성급히 사귀었다가 결국 상처를 받았다면 이때 배울 만한 교훈은 누군가를 잘 알기 전에는 섣불리 연인 관계로 발전해선 안 된다는 점일 것이다.

교훈을 배웠다고 입으로 말하는 것만으로는 충분치 않다.

때로는 직접 증명해 보여야 한다.

우주가 당신을 시험해 보기 위해 당신에게 다른 누군가를 소개해줄 수도 있다. 거부할 수 없는 매력을 뽐는 사람을 말이다. 이때 당신은 교훈을 배웠다는 것을 증명하기 위해 행동을 보여줘야 한다. 성급히 연인이 되었다간 또다시 상처를 입을 가능성이 있음을 기억하면서 말이다. 당신이 이 사례를 가볍게 여기더라도 바라건대 다음의 사실만은 알았으면 한다. 같은 시험을 한 번 이상 받게 되면 두 번째나 세 번째에서는 더 힘들어질 수도 있다.

_____ 경고 신호에 주목해라

차에 타자마자 추돌 사고가 날까 봐 걱정하는 사람은 없다. 그런 식으로 걱정하며 살다간 사는 게 아주 겁이 나서 미쳐 버리게 될지도 모른다. 하지만 혹시라도 사고가 날 경우 심각한 부상을 막기 위해 안전벨트를 매는 등의 안전 조치는 취하는 편이 좋다. 이런 행동 역시 두려움에 따른 것이지만, 바로 그것이 두려움의 존재 이유다. 두려움은 우리를 위험으로부터 지켜 준다.

과음을 해서 차 사고를 내 죽을 뻔한 경험을 하고도 이후에 다시 음주운전을 한다면 이는 훨씬 더 무책임한 처신이 된다. 그런 일을 겪고도 또 음주운전을 한다는 건 또 한 번의 사고를 자초하는 격이고, 그때는 살아남지 못할 수도 있다. 다시 말해 교훈을 무시하는 행동은 우주에게 그 교훈을 받아들이지 않겠다는 암시를 보내는 셈이다.

그러니 경고 신호에 주의를 기울여라. 당신은 언제나 우주로부터 진정성과 목적의식을 갖고 살아가도록, 또 더 위대한 일들을 펼치며 살아가도록 인도받고 있다. 하지만 어떤 일이 당신의 바람대로 되지 않을 땐 그 경험으로부터 뭘 배울 수 있는지 자문해 봐라. 안 좋은 경험에는 언제나 배울 거리가 있기 때문이다. 당신에게 필요한 변화가 무엇인지 자문해 보자. 그리고 안 좋은 선택을 내린 뒤에 그것이 적절한 선택이 아니었음을 알고도 낙관성으로 포장해 버리거나, 감정적 갈망과 일시적 위안을 위해 더 큰 고통을 얻게 될 위험을 무릅써서는 안 된다.

당신에게 해로운 케이크를 자꾸만 먹게 되면 당신은 더 이상 그 케이크의 피해자가 아니라 굶주린 지원자다.

_____ 더 고차원적인 목적

당신은 세상에 나누어 줄 잠재력, 능력, 재능, 지혜,

사랑, 지능을 가득 품고 이곳에 왔다.

세상을 더 나은 곳으로 만들기 위해 왔다.

세상에 모든 사람들은 각자의 목적이 있다.

그 목적대로 살아가기 전까지 당신은 공허함을 느낄 수도 있다.

하지만 당신도 분명 지금보다 더 큰일을 하도록

운명 지어져 있다는 감을 느끼고 있지 않은가?

나는 모든 사람에게 삶의 목적이 있다고 믿는다. 세상에 도움이 되기 위한 목적이 있다고 믿는다. 무조건적인 사랑과 기쁨의 체험을 동반하기도 하는 이 목적은, 우리가 존재하는 이유다. 목적은 우리에게 의미를 부여해 줄 수 있다.

우리 대다수는 자신의 진정한 목적을 잘 찾지 못한다. 그런가 하면 자신의 삶의 목적이 뭔지 충분히 예상하고 있으면서도 빈번히 사회의 기준에 억지로 순응하면서 실용성을 내세워 자신의 진정한 목적을 거부하는 이들도 있다.

축구공을 생각해 보자. 축구공의 목적은 발로 차이는 것이다. 공이 방 한구석에 아무것도 안 하고 놓여 있으면 이 공의 목적은 무시되고 있는 셈이다. 하지만 그렇더라도 상관없다. 공에는 영혼이 없으니까. 이번엔 공이 영혼을 가지고 있다고 상상하면서 공에게 자의식을 부여해 줘 보자. 공은 방 한구석에 가만히 놓여 있으면 내면에서 이상한 기분이 들 것이다. 뭔가 허전한 그런 기분 말이다. 세상에 자신의 진가를 보여 주지 못하고 있다는 기분이 들어 충족감도 느끼지 못한다.

이제 누군가가 드디어 그 공을 집어 들어 이리저리 던져 보기로 마음먹는다고 쳐 보자. 공은 허공을 가르는 순간 황홀감에 젖는다. 하지만 몇 분 후, 공은 내면에서 다시 공허감을 느낀다. 재미는 있지만 그것만으로는 성에 차질 않는다.

공은 이후에 이런저런 방법으로 사용되며 숱한 경험을 해보지만, 여전히 충족감이 들지 않는다. 자신의 삶에 일어나는 일이 많아질수록 충족감에 점점 더 가까이 다가가겠거니 생각하지만, 더 많은 일을 겪는데도 그 생각대로 되질 않는다.

그러던 어느 날, 공은 발로 차이게 된다. 그 순간 공에게 모든 것이 납득이 간다. 자신의 존재 목적이 무엇인지 깨닫게 된다. 자신은 발로 차이기 위해 존재한다는 걸 느낀다. 그때껏 일어났던 일들을 되돌아보며 연결점을 이어본다. 돌아보니 허공을 가르게 되었던 때와 누군가 압력을 가하는 듯 느껴졌던 때, 바로 자신의 목적과 결부된 흥분을 느꼈던 것이었다. 이제 공은 그동안 쭉 자신이 무엇을 찾고 있었는지 알게 된다.

심오한 목적이 아니라, 단순히 자신의 역할에 전념하는 일은 약간의 만족은 줄진 몰라도 이를 통해 지속적인 만족은 얻을 수는 없다. 그렇다고 해서 즐거움을 느끼지 못한다는 얘기는 아니다. 어쨌든 언제든 진동을 높일 수는 있으니 말이다. 하지만 궁극적 충족감은 우리의 원래 목적을 충족시켜야만 느낄 수 있다.

더 고차원적인 목적을 가지고 있다는 생각이 황당하게 여겨질지도 모른다. 하지만 우리 주변에 있는 물건들을 살펴보자. 축구공, 선풍기, 스마트폰… 인간이 만든 모든 물건에는 목적이 있다. 그러니 하물며 스마트폰보다 훨씬 더 복잡한 존재인 인류에게 그것보다 고차원적인 목표가 있지 않겠는가? 우리는 수천 년에 걸쳐 일련의 돌연변이와 적자생존을 거치며 형성되었다는 사실을 알아야 한다.

우리 대다수는 우리에게는 삶의 목적이 없다고 믿으며 우리 각자가 수십억 개 은하 중의 하나인 이 우주에 존재하고 있는 또 한 명의 인간에 불과하다고 여기는 듯하다. 하지만 스마트폰이 그렇듯 당신이 존재하는 데는 틀림없이 어떤 목적이 있어야 마땅하다.

더 고차원적인 목적이 있음을 진심으로 믿지 않은 채로 삶을 살아간다면 그것은 자신의 존재를 최대한으로 활용하지 않는 셈이다. 이렇게 사는 사람들은 평생토록 그저 먹고 살아가기 위해 노력하기 쉽다. 삶의 목적이 언제나 하루하루의 생존을 위한 절박함이나 다음 달 생활비를 대기 위한 필요성에 쫓기게 된다. 물론 생활비는 중요하다. 음식, 물, 집, 옷, 전기와 가스 등등의 비용을 대야 한다. 하지만 솔직히 대답해 봐라. 정말로 당신이 단지 그런 식으로 존재하다 죽기 위해 이 지구에 온 것이라고 확신하는가? 삶이 단순히 돈을 버는 문제라고 믿는가?

목적을 갖고 살면 삶이 더 위대해진다.

당신이 하고 있는 일에서 의미 있는 이유를 찾으면

충족감을 느낄 것이다.

나 자신도 예전에 그랬듯, 많은 사람들이 자신에게 아무 의미 없는 일을 하며 하루하루를 보내면서 매주 이틀의 자유를 위해 살고 있다. 그 이틀 동안엔 자유의 시간을 최대한 만끽하기 위해 온종일 휴식을 취하거나 신나게 놀러 다닌다. 내가 클럽 나들이를 갈 생각에 주말만을 손꼽아 기다렸던 것처럼, 사람들도 매주 그 이틀을 고대한다. 직장에서 벗어날 시간('자유 시간')이 더 빨리 오길 원하는 마음에 그 귀한 시간이 어서 지나가 버리길 바란다. 그러다 보면 전 생애가 눈 깜짝할 사이에 지나가 버릴 수도 있다.

삶은 종종 힘이 들고 돈은 우리에게 훨씬 많은 자유를 누리게 해준다. 아무리 그렇더라도 믿음을 가져라. 당신은 인류를 위한 목적에 이바지하는 동시에 경제적 필요성을 충족시킬 수 있음을 믿어라. 이 목적은 뭔가 거창한 것이 아니어도 된다. 달라이 라마나 심지어 마크 주커버그 같은 사람이 되지 않아도 좋다. 하지만 가치를 높이기 위해 노력해야 하며 그러기 위한 유일한 방법은 진심으로 즐거움을 느낄 만한 일을 하는 것이다. 위대한 삶을 살아가는 데 열정이 아주 큰 역할을 펼치는 이유가 여기에 있다.

모든 사람이 자신이 열정을 느끼는 일이 뭔지를 알지는 못한다. 정신적 매개자 다릴 앙카Darryl Anka는 일명 '바샤르'라고 하는 존재와 채널링(텔레파시 교신)을 하고 있다고 주장하고 있는데, 이 바샤르의 조언에 따르면 당신의 '흥분'을 따라가는 것이야말로 당신이 원하는 것을 깨닫는 가장 빠른 길이다. 또한 당신이 원하는 것을 정당화할 필요는 없으며 그저 하기만 하면 된다.* 그러니 그것이 뭐든 당신을 정말로 흥분시키는 일을 행동으로 옮겨라. 단, 다른 일이 생각나지 않아서거나, 다른 사람들이 그 일을 흥분되는 일로 여길 것이라는 생각 때문에 그 일을 당신의 흥분되는 일로 선택해서는 안 된다.

**당신이 자연스럽게 끌리는 일은 그냥 무작위로 끌리는 게 아니다.
당신이 그 일을 찾아내는 것과 똑같이 그 일도 당신을 찾아낸다.
정말로 이렇게 단순하다.**

....

* 'Bashar: Finding your Highest Excitement' (New Realities, YouTube, 26 September 2006)

그러니 모든 것을 이해해야 한다는 생각으로 삶을 너무 복잡하게 만들지 마라. 그리고 스스로를 속이며 실현 불가능해 보이는 일을 무리하게 밀어붙이지도 마라. 예를 들어 그림을 정말로 좋아한다면 웹사이트나 SNS 계정을 개설해 당신의 작품을 세상과 공유하는 식으로 시작하면 된다. 처음부터 당장 자신의 그림을 수천 파운드에 팔려고 해서는 안 된다. 지금 단계에서는 그 일이 실현될 가능성이 희박한 것 같다면 특히 더 그래선 안 된다. 그것이 당신이 진짜로 열정을 느끼는 활동이라서 어떠한 기대도 품지 않은 채 기꺼이 돈도 안 받고 실행할 만한 일이어야 한다. 당신에게 흥분을 일으키지 않는다면 그 일은 당신에게 맞는 일이 아니다.

현재 열심히 하고 있는 일을 당장 그만두면서 경제적 책임을 제대로 못 질 위험을 무릅쓸 필요는 없다. 다만 여기에서 말하고자 하는 요지는 언제나 호기심을 잃지 말고 늘 긍정적 변화에 목말라 하면서 당신의 정신과 몸과 영혼을 흥분시키는 것들을 향해 꾸준히 걸음을 옮기라는 것이다.

다음엔 어떤 걸음을 뗄지나, 상황이 어떻게 전개될지에 관해서는 걱정하지 마라. 그리고 명심해라. 우주에게 당신의 흥분거리를 보여 주면 우주가 흥분을 느낄 만한 일들을 더 많이 보내줄 것이다. 놀랄 만한 기회가 따라와 당신이 걸어갈 삶의 여정을 발견하도록 도와줄 것이다. 단, 그러려면 우주가 보내 주는 신호에 따라 행동해야 한다.

　작은 걸음이어도 괜찮다. 작은 걸음이 더 큰 걸음으로 이끌어 줄 테니까. 그렇게 걸음을 떼다 보면 마침내 당신의 열정으로 돈을 벌 방법을 알아내게 된다. 그 방법은 당신이 이미 하고 있는 일의 연장일 수도 있다. 당신이 싫어하는 일을 하고 있는 경우라면 마침내 그 일을 그만두고 전적으로 당신의 목적에 전념하게 될 만한 방법일 것이다.

　당신은 의도가 있어서 창조되었다. 당신이 이곳에 온 것은 도움과 사랑을 펼치고 구제를 행하고 즐거움을 주기 위해서이다. 영감을 일으켜 주고 누군가의 얼굴에 미소를 선사하기 위해서이다. 변화를 일으키기 위해서이다. 애초에 당신에게 세상에 베풀 것이 없었다면 지금 당신은 이 지구별에 있지도 않았을 것이다.

당신의 존재 이면에는 목적이 있으며

그 목적이 뭔지 깨달으면

세상을 살아가는 원동력을 바꾸는 것만이 아니라

당신 삶의 모든 영역에서 충만함을 체험하기도 할 것이다.

_____ 돈과 탐욕

돈은 그저 에너지일 뿐이다. 좋지도 나쁘지도 않으며,

우리의 무한대로 풍부한 우주에서는 유한하지도 않다.

돈이 당신을 돕게 해야지 돈이 당신의 전부가 되게 하지 마라.

때때로 사람들은 자신의 목적을 좇아 살면서 돈을 버는 것이 잘못된 일이라고 느낀다. 그러니 잠시 돈의 본질부터 짚어 보자. 돈이란 상품이나 서비스 등의 거래를 완수하는 상징적 수단이라고 말하려 했다면 내 말부터 들어 봐라. 돈은 그저 에너지에 불과하다! 따라서 돈은 좋은 것도 나쁜 것도 아니다. 돈에 대한 규정은 마음먹기에 달려 있으며, 그 해석 방식은 우리가 돈을 가지고 긍정적 상황이나 부정적 상황을 끌어당기는 방식에 따라 결정된다.

자신의 돈으로 훌륭한 일을 하는 사람들이 있는가 하면 돈을 쓰는 방식에서 마음속의 불행이 고스란히 비치는 그런 사람들도 있다. 돈은 그저 확대경과 같다. 돈이 별로 없을 때도 친절과 사랑을 펼치며 가치를 이끌어내려 애쓰지 않으면 돈이 더 많을 때 어떻게 그런 일을 할 생각을 하겠는가?

돈은 자신에게 마땅히 자격이 있다고 믿고 획득할 능력이 있는 사람들에게로 흘러간다. 지금 당장 다음의 질문에 답해 봐라.

돈에 대해 어떤 인식을 갖고 있는가? 당신에게 더 많은 돈을 가질 자격이 있다고 믿는가? 돈을 향한 당신의 잠재의식과 감정은 당신이 겪고 있는 지금의 현실뿐만 아니라, -인식이 지금과 같을 경우- 앞으로 겪게 될 현실에 관해서도 많은 것을 알려 준다.

돈이 모든 악의 근원이라고 말하는 사람들도 있지만, 그런 사람들도 여전히 돈을 간절히 바란다. 하지만 이는 버거킹에 가서 주문을 해놓고는 주문한 음식을 받기도 전에 나와 버리는 것과 같다. 당신이 이미 취소한 것을 우주가 어떻게 배달해 줄 수 있겠는가? 돈을 악의 근원이라 믿는 사람들은 절대 돈을 얻을 수 없다.

어떤 이들은 돈을 더 많이 원하는 태도를 안 좋게 여긴다. 탐욕스럽게 본다. 사실, 대다수 사람이 돈을 원하는 목적은 경제적 자유를 누리고 가장 바라는 라이프스타일대로 제약 없이 살기 위해서다. 가령 원할 때마다 사랑하는 이들과 휴가를 떠나고 싶은 마음이나, 밖에 나가서 돈을 쓸 때 맘 졸이며 금액을 걱정할 필요가 없길 바라는 마음에서 돈을 원할 수도 있다. 그런 제약 없는 라이프스타일은 어차피 남들에게도 불가능한 일이라며 이런 바람을 헛된 탐욕이라고 여긴다면 다음과 같은 식의 지레짐작을 하는 셈이다.

첫째, 돈은 공급이 한정된 자원이어서 애초에 제약을 받을 수밖에 없다. 둘째, 남들도 현재의 라이프스타일을 깨고 그런 제약

없는 자유를 누릴 수는 없다.

탐욕이란 특정 물품의 공급이 한정되어 있을 때, 당신이 그 한정된 물건의 대부분을 원하고 그로써 다른 사람의 행복을 희생시킬 경우에나 성립된다.

우리는 우리가 원하는 것의 공급이
한정되어 있는 것으로 믿도록 유도되지만
우주에서 무한대로 이용할 수 있을 만큼
풍요롭게 공급해 주고 있다.

따라서 한정성은 정신이 만들어낸 생각일 뿐이다. 정신의 초점이 부족한 것에 맞추어지면 우주에 두려움 중심의 진동을 전해 겁나는 것들을 더 많이 데려오고 만다. 돈을 잃을까 봐 겁이 나서 돈을 꽁꽁 지키게 된다. 그만큼의 돈이 언제 또다시 생기게 될지 모른다는 불안감 때문에 돈 쓰기가 두려워진다. 이러다 보면 지키려고 최선을 다하는데도 당신의 진동이 경제적 어려움에 이르는 길을 만들어낼 수도 있다.

에너지를 빈곤함 쪽으로 쏟으면 빈곤함이 실현된다. 그렇다고 해서 돈을 모으지 말라거나, 돈을 펑펑 쓰라는 얘기는 아니다. 다만 정신의 초점을 풍족함에 맞추라는 의미다. 부가 당신에게 흘러올 것을 믿으며 당신에게로 흘러오게 허락해 줘야 한다.

사실 우리는 우리의 환경에 대해 창의력과 통제력을 발휘할 수 있는데도 부족함과 한정성을 들먹이는 생각들에 너무 자주 현혹된다. 어떤 사람들이 이런 생각을 부추겨 대중에게 두려움을 심어 놓을 경우 이런 대중의 집단의식이 발산하는 진동으로 인해 두려움, 빈곤, 파멸을 의식하는 사회 분위기가 더 팽배해진다. 이처럼 두려움은 인간을 휘두르기에 효과적인 수단이 되기도 한다.

돈은 누구에게나 손쉽게 접근할 수 있는 대상이며 당신과 돈 사이의 거리는 오로지 돈을 대하는 태도에 따라 결정된다. 하지만 명심해라. 돈은 당신을 보조하는 역할만 해야지 당신의 전부가 되어서는 안 된다. 돈이 삶의 목적이 되어서는 안 된다. 많은 돈을 축적하는 것으로는 세상의 가치를 높이고 남들에게 이바지할 수 없다. 변화를 이루려는 열망도 반드시 가져야 한다.

_____ 진정한 행복의 성취

행복은 남들로부터 오는 게 아니며,

장소나 물건으로부터 오는 것도 아니다.

행복은 내면에서 비롯된다.

이 책에서 나는 지금까지 '행복'이라는 말을 최대한 거론하지 않았다. 남겨 두었다가 마지막에 얘기하기 위해 일부러 말을 아꼈다. 당신이 스스로 깨닫는다면 더욱 좋겠지만, 진동을 높이고 기분을 즐겁게 가지면 사실상 행복을 누릴 수밖에 없다.

우리는 행복이 사람이나 장소나 물건 등의 외부 영향에 기반한다는 믿음을 갖도록 유도되고 있다. 우리는 삶에서 이렇게 외부 영향에 기반하는 온갖 목표와 열망을 품으며 그 목표와 열망을 성취하고 나면 영원히 행복할 거라고 믿는다. 사랑하는 사람을 찾으면 행복해질 거라고, 자기 집을 갖게 되면 행복해질 거라고, 몸무게 10킬로그램을 빼면 행복해질 거라고 믿는다. 이런 성취가 가져다주는 행복은 일시적이므로 순간에 그칠 뿐이다. 그 행복이 당신 곁에 영원히 머물지 않는다. 그래서 이런 일들을 이루고 나면 이어서 다른 외부적 대상을 통해 지속적인 행복을 찾으려 한다.

예를 들어 돈은 행복, 그리고 심지어 성공과도 자주 연관 지어진다. 하지만 세계 최고의 갑부들을 보면 알겠지만 돈이 많아도 여전히 슬픔을 겪을 수 있다. 돈이 행복과 성공을 측정하기 위해 사용되는 저울이라면 그 저울의 시작점과 끝점은 어디쯤일까? 결국 그 수치에는 끝이 없기 마련이다. 일단 목표치를 찾고 나더라도 점점 더 많이 원하기 십상이다. 따라서 돈을 측정 수단으로 삼을 수는 없다.

이 책의 초반부에서 설명했다시피 우리가 뭔가를 추구하는 것은 그 추구하는 바를 이루면 행복해지리라고 믿기 때문이다. 이는 돈을 원하는 데에도 똑같이 적용된다. 우리는 돈 자체를 원하는 게 아니라 돈이 부여해 주는 안정과 자유를 원하는 것이다. 그런 안정과 자유를 얻으면 행복해진다고 믿기 때문이다.

하지만 당신이 지구에서 유일한 사람이고 돈을 무제한으로 쓸 수 있다면 그것이 얼마나 쓸모가 있겠는가? 원할 때 아무 때나 휴가나 멋진 모험을 떠날 여유가 되지만 건강이 아주 안 좋다면 어떨까? 원하는 건 뭐든 살 수 있지만 세상 사람 모두에게 외면받는다면 어떨까? 아니면 돈은 한도 없이 들어오지만 하루 20시간씩 일해야 하는 최악의 직장에 다니고 있다면 또 어떨까?

아무리 이상적인 파트너라도 당신의 지속적인 행복은 어떻게 해주지 못한다. 그저 당신의 상대적 행복에 영향을 미칠 수 있을 뿐이다. 이런 상대적 행복은 외부 조건이 바뀌면, 이를테면 파트너가 당신에게 상처를 주는 식의 행동을 하기라도 하면 순식간에 사라질 수도 있다.

광고 업계는 당신의 행복을 가지고 노는 데 능란하다. 우리 모두가 행복해지고 싶어 한다는 점을 잘 알고 그것을 무기로 삼기 때문이다. '이 물건을 사면 행복해질 거예요.'라는 식의 광고에 혹해 당신이 그 물건을 사면 6개월 후에 다른 신제품이 출시된다. 그러면 구모델 대신 신모델이 행복을 가져다줄 거라는 기대로 신제품을 산다. 이런 사이클이 계속 반복된다.

항상 행복을 느낄 수 있다면 어떨까? 그런 행복이야말로 궁극적인 목적이 아닐까? 항상 행복을 느낀다는 것은 어느 순간이든 자신이 가진 것에 행복해한다는 의미일 것이다. 그것도 남은 평생토록. 그렇다면 지속적인 행복은 곧 진정한 성공의 모습이라고도 말할 수 있다. 이것이 바로 진정한 행복이다. 이런 영속적 행복은 피상적 측면에서 삶에 그 어떤 일이 일어나든 간에 최고로 높은 주파수에 머물 때 일어난다. 나는 우리 누구나 다 이런 행복을 누리고 싶어 한다고 믿는다. 그 누구도 변화시킬 수 없고 그 어떤 불운한 일에도 지속될 행복이라면 모두가 다 누리고 싶어 하지 않을까?

행복을 지속시키기 위해서는 자기통제의 노력이 필요하다. 이런 노력은 내면의 여정으로서, 상당한 정신적 성장을 이루어야 한다. 제약을 가하는 생각보다 힘을 북돋는 생각을 선택하는 것이 자연스러운 사고방식으로 자리 잡게 해야 한다.

상황의 밝은 면을 보고 과거를 놓아 버리는 태도, 미래에서 살기를 멈추고 현재의 당신과 바로 지금 당신이 가진 것을 소중히 여기는 태도, 비교를 그만두고 이 세상 모든 것을 조건 없이 사랑하는 태도가 습관화되어야 한다. 지금 현재를 포용해라. 행복해져라.

에필로그

위대한 목표, 위대한 삶

　더 위대한 삶을 추구하는 일은 결코 쉽지 않으며 그런 이유로 대다수 사람들이 덜 위대한 삶에 안주한다. 하지만 시간을 갖고 이 책에서 배운 내용을 받아들인 후 결의와 긍정성과 끈기를 갖추고 실행에 옮긴다면 당신은 그렇게 안주하는 사람들에 속하지 않게 될 것이다. 한 번에 한 걸음씩 작은 걸음을 떼다 보면 멈출 수 없는 추진력이 붙어 당신이 꿈꾸던 삶으로 점점 다가서게 되리라.

　명심하자. 모든 난관에는 교훈이 있고, 모든 실패에도 교훈이 있다. 다시 말해 실패를 반드시 실패로 받아들일 필요는 없다. 실패는 위대함으로 이르는 길에서 맞는 반전일 뿐이다. 뭔가를 이루기 위해 온 마음을 다해 전념했는데도 잘 되지 않았다면 그 것은 우주로부터의 약속으로 받아들이면 된다. 그 일이 당신에게 잘 맞지 않았고 앞으로 더 좋은 뭔가가 다가올 테니 계속 가라는 약속이라고 말이다.

다음도 명심하자. 당신의 본능을 믿어야 한다. 해로운 관계를 향해 경고하는 내면의 그 느낌에 귀를 기울여라. 당신이 시간을 낭비하고 있을 때, 당신을 각성하게 만드는 머릿속의 목소리에 귀 기울여라. 당신의 개인적 경계선을 존중하면서 남들에게도 그 경계선을 존중해달라고 요구하자. 뭔가가 적절치 않다는 느낌이 들면 정말로 적절치 않을 가능성이 높다. 그리고 마음 깊숙한 곳에서 뭔가가 멋지다는 느낌이 강하게 들면 대개는 그 느낌이 맞다. 그 느낌을 따라라. 느낌이 흘러가는 대로 둬라.

믿음을 가져라. 두려움을 놓아 버리면 평범한 삶이 비범하게 바뀔 것이다. 더 고차원적인 목적과 맞닿게 될 것이다. 개인적 성장에 전념하면서 열과 성을 다해 인생 여정을 꾸려 가려 힘쓰다 보면 그렇게 하지 않으려야 않을 수가 없기 때문이다.

당신은 흥미진진하고 멋진 삶을 이끌어내는 데 필요한 모든 능력을 갖추고 있으며 그 출발점은 당신 자신을 사랑하는 일이다. 높은 진동을 일으켜 유지해 나가면 꿈을 이루게 될 것이다. 오랜 시간이 걸린다 해도 괜찮다. 높은 진동 덕분에 그 여정 내내 기분이 좋을 테기 때문에. 기분 좋은 삶을 사는 것, 바로 그것이 우리 모두가 진정으로 바라는 게 아닐까?

내가 약속하겠다. 자기사랑에 힘쓰면 믿을 수 없는 일을 성취

하게 될 것이다. 다만 그 과정이 공원 산책하듯 여유로운 여정
은 아닐 수도 있고 시간이 걸릴지도 모른다. 앞으로 나아가기
위해 희생을 치러야 할 순간이 올 수도 있다. 하지만 그럴 만한
가치가 있을 것이다.

　이제 당신이 응답할 차례다.

저자의 사명

이상한 얘기처럼 들릴지도 모르겠지만, 나에겐 낯선 사람이 다가와 내가 이 책에서 전하는 것과 비슷한 메시지를 전해 주었던 경우가 한두 번이 아니었다. 스물한 살 때는 어떤 서점에서 그런 일을 겪었다. 한 중년 여성이 다가오더니 이렇게 말했다. "당신은 축복받은 사람이에요. 당신은 신과 가까이에 있어요. 세상 사람들에게 당신의 메시지를 알려 줘야 해요. 당신이 많은 사람들을 도와주게 될 거예요."

또 한 번은 퇴근 후에 집으로 가는 열차를 기다리고 있을 때였다. 내가 승강장 끄트머리로 걸어가자 나보다 앞서 그쪽에 서 있던 사람들이 전부 다른 데로 피했다. 좀처럼 겪어 본 적 없는 일이었다. ─나는 나한테서 안 좋은 냄새가 나서 그러나 싶어서 코를 킁킁거리기까지 했다!─ 잠시 후, 머리에 스카프를 두른 어떤 할머니가 불쑥 다가와 무슨 일을 하느냐고 물었다. 그리곤 내가 대답을 하려 하자 내 말을 막으며 이렇게 말했다. "당신은 특별한 사람이에요." 당혹스럽고 얼떨떨한 마음에 자리를 피하려는데 할머니가 이렇게 말했다. "당신은 전생으로부터 큰 복을 받았지만, 당신이 잘못한 일도 알아야 해요."

그 말에 살짝 호기심이 발동해서 할머니의 얘기에 귀를 기울였다. 할머니는 전생에 내가 군의 특수부대 소속이었다고 했다. 군대 내의 가장 중요한 인물에 들었고 내 성과 덕분에 조국이 큰 이득을 누렸지만, 나로 인해 많은 사람들이 다치기도 했단다. 그러면서 자신이 추정하는 전생에서의 내 행동들에 얽힌 의미를 말해 주기도 했다.

별나게 들리긴 했지만, 창의력 풍부한 이야기에 마음이 끌리기도 했다. 할머니는 이번 생에서 내 사명을 다하기 위해 해야 할 일이 뭔지도 알려 주었다. 이때 아주 단호하게 일러 준 내용이 바로 분노에 휘둘리지 말라는 것이었다. 분노에 휘둘리면 실패할 거라며 다른 사람들과 긍정적인 소통을 나누라고 권했다. 그래야 그 사람들을 치유해 줄 수 있기 때문이라면서.

기억을 더듬어 보면 그때 나는 별 이상한 얘기를 다 듣는다는 생각에 웃지 않으려고 애썼다. 그 얘기에 수긍이 가지도 않았는데 그 할머니도 내 생각을 얼핏 눈치챘는지 마지막에 이렇게 말했다. "뭐, 내 말을 믿지 않아도 되지만 좋은 조언은 귀한 금과 같다우." 그리고 그 순간 지연되었던 열차가 승강장으로 들어왔다. 나는 그만 가 봐야겠다고 말하며 열차 출입문 쪽으로 걸어갔다. 할머니는 작별 인사를 전하며 말끝에 내 이름을 불렀다. 하지만 나는 이름을 알려 준 적이 없었다. 일단 열차에 타고 난 뒤에 창밖을 내다봤지만, 할머니는 온데간데없었다.

이런 일이 있을 때마다 나는 희한한 우연의 일치라고만 여겼다. 하지만 이런 일이 빈번히 일어났다. 당시엔 깊이 생각하지 않았지만, 요즘에 들어서야 납득이 간다. 나는 고통을 겪으며 덕분에 내 열정을 발견했고 그 열정을 통해 내 목적을 찾게 되었다. 내가 마음 깊이 큰 기쁨을 느끼는 때는 사람들이 더 나은 삶을 살도록 도와주는 순간이다. 나는 사람들이 잘되는 모습을 보면 정말 좋다.

2015년이 저물어 갈 무렵에 나는 인스타그램 페이지를 개설해 삶, 사랑, 목적에 대한 나 자신의 말과 생각을 공유하기 시작했다. 온라인을 통해 긍정성을 전파하기 위한 목적이었다. 이 플랫폼은 무료로 개방되니 요금을 청구할 필요 없이 아주 많은 사람들의 삶에 가치를 더해 줄 수 있겠다는 생각도 했다.

그 뒤로 내 말들에 마음 끌려 하는 사람들이 점점 많아지면서 몇 달 지나지 않아서 팔로워 수가 늘어났다. 인기가 높아지면서 내 인생관에 감탄해 조언을 구하는 사람들이 매달 수백 명에 이르렀다. 나에게 사람들을 지도해 주면서 긍정적 변화로 이끌어

줄 기회가 생긴 것이었다.

현재 나는 스스로를 마인드 코치mind coach라고 칭한다. 마인드 코치란, 사람들이 새로운 사고방식을 가지고 긍정적인 생활방식을 실행할 수 있도록 도와주는 사람을 말한다. 나와 연락을 하고 싶다면 내 웹사이트 vexking.com을 방문해 주기 바란다.

인용문이나 이 책을 읽고 변화한 경험담 뭐든 좋다. 내가 '좋아요'를 눌러 내 페이지에 올릴 수 있도록, 해시태그 #VexKingBook를 입력해 이 책과 관련된 당신만의 SNS 게시글을 올려 주기 바란다.

감사의 말

내 아내이자 소울메이트이자 베스트프렌드인 코샬에게 고마운 마음을 전한다. 아내는 내가 이 책을 쓰도록 응원해 주었을 뿐만 아니라, 나의 이야기를 세상 사람들에게 알리도록 의욕을 북돋워 주었다. 코샬, 당신은 언제나 나를 믿어 주고 진정한 나의 모습을 알아봐 주는 사람이에요. 당신이 없었다면 지금까지의 내 여정은 불가능했을 거예요. 삶의 동반자로서 당신보다 더 나은 짝은 찾을 수는 없을 겁니다.

나의 짓궂은 장난을 참아 주면서 내가 잘 자라게 도와준 나의 누이들에게도 감사 인사를 전하고 싶다. 결코 쉽지 않은 일이었음을 알기에, 어린 시절 동안 누이들이 내게 허락해 준 그런 인내에 정말 고마워요. 누이들은 내 인생의 시작부터 곁에 있어 주었고 가장 힘든 시기를 함께 겪어내 주기도 했어요. 누이들이 없었다면 그 시절을 견뎌내고 지금과 같은 성인으로 자라 다른 사람들에게 지혜를 전해 주며 살지 못했을 겁니다.

출판 대리인 제인과 헤이 하우스 출판사의 팀원들에게 인사를 남긴다. 이 책의 가치와 더불어, 나의 이야기를 통해 세상을 변화시키고자 하는 내 이상을 믿어 준 여러분에게 정말 고마워요. 여러분의 노고와 지지는 나에게 정말 큰 힘이 됩니다. 여러분 덕분에 세상을 더 좋게 바꿀 기회를 얻었어요.

마지막으로 SNS의 팔로워분들께도 나를 지지해 주고 내 관점을 공유하도록 의욕을 북돋워 준 점에 대해 진심으로 감사드린다. 이 책을 쓴 것은 여러분 덕분이자, 여러분을 위해서입니다.

하이로우, 진동의 법칙
GOOD VIBES, GOOD LIFE

초판 1쇄 발행 2022년 2월 10일

지은이 벡스 킹
펴낸이 권성애
펴낸곳 SA(에쎄이) Publishing Co.
주소 서울특별시 강남구 영동대로 602, 6층 sgi159(삼성동)
팩스 02-6305-0038
이메일 sapublishingco@gmail.com
출판등록 제2020-000019호
책임편집 나은비
디자인 최예슬

ISBN 979-11-969486-6-5 (03190)